DINAN

ET

SES ENVIRONS.

DINAN

ET

SES ENVIRONS

(GUIDE)

PAR J.-M. PEIGNÉ

RÉDACTEUR EN CHEF DU DINANNAIS

———— ⋅⋅⋅ ————

DINAN

TYP. DE J.-B. HUART, IMPRIMEUR-LIBRAIRE

—

1862

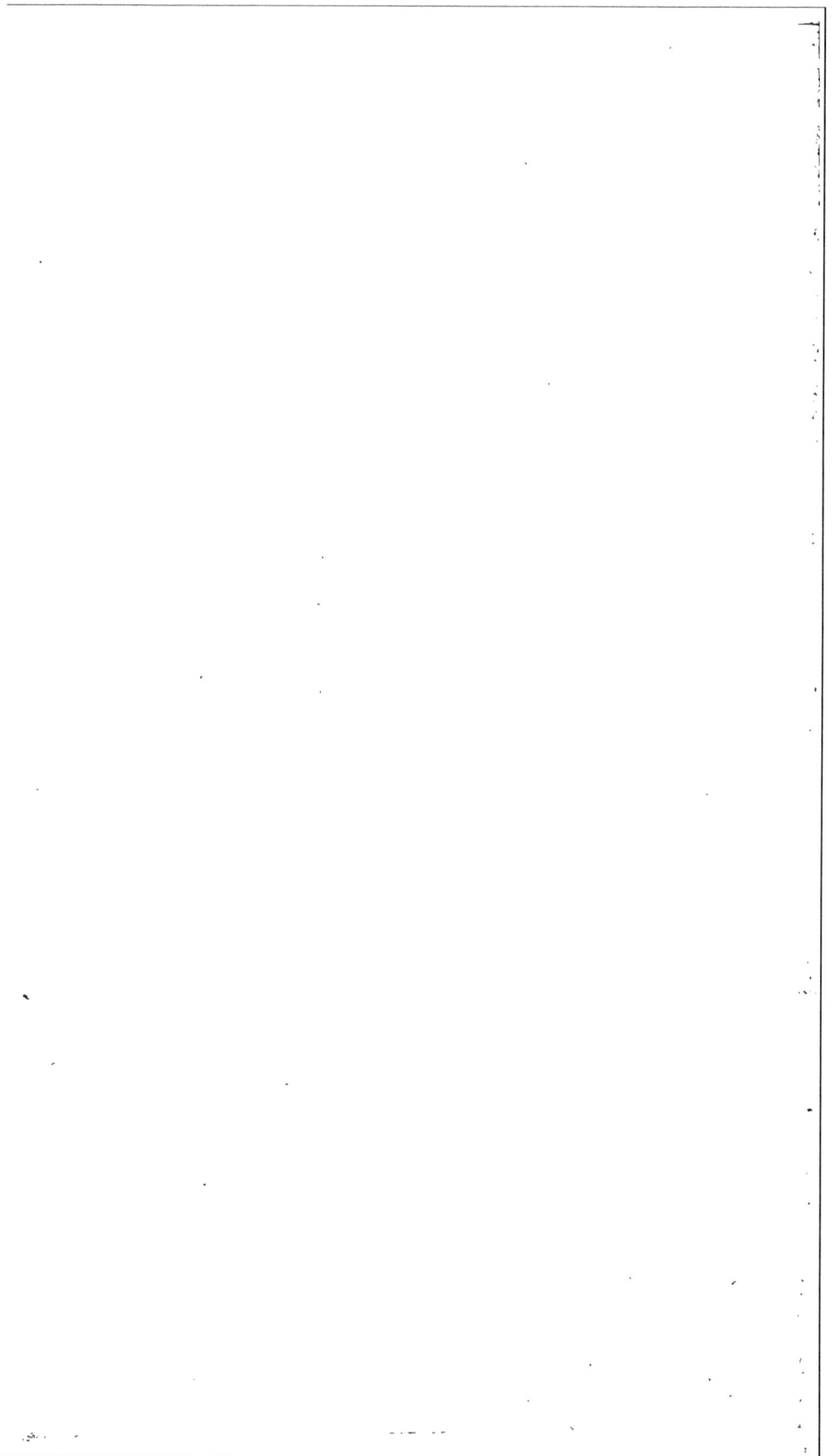

« J'ai sans doute vu des pays d'un
aspect plus grandiose, mais jamais aucun
d'une grâce plus attachante et qui flattât
davantage l'œil. »

Maréchal SOULT.

« Dinan n'est pas une ville ; c'est
une promenade ou un bouquet.... »

G. R. DE SALLES.
(Hist. pittoresque de St-Malo.

Rassurez-vous : ce n'est pas une préface que je veux faire. Ce volume aura, je l'espère, assez d'autres défauts pour pouvoir aisément se passer de celui-là. Ne craignez pas, non plus, que je vienne, très-humblement et avec une modestie de convention, solliciter votre indulgence : je n'aime pas cette manière détournée de chercher un compliment et de quêter un éloge,

Une préface, — des éloges, — et pourquoi ?

Le lecteur verra lui-même, s'il se donne la peine de lire les pages qui suivent, que l'auteur n'a jamais eu la prétention d'écrire un livre sur Dinan. Il a seulement voulu faire mieux connaître, s'il est possible, c'est-à-dire mieux aimer son pays, et servir de cicerone à quelques uns des nombreux étrangers qui viennent, durant les beaux jours, visiter notre ville et les sites charmants qui l'environnent. Son but, — on le voit, — est sans ambition, comme son travail a été sans difficultés.

Il ne m'en coûterait guères de dire, en vous
offrant ce petit ouvrage, qu'il est le fruit de
longues veilles et de recherches patientes. Cela
me donnerait un certain relief ; on achèterait
le volume, quitte à ne pas l'ouvrir ensuite, et
je connais plus d'un lecteur qui se ferait de
moi la meilleure idée, — à la manière de certaines dévotes, qui trouvent magnifiques les
sermons qu'elles ne comprennent pas.

Mais c'est un mérite que je ne puis, en conscience, révendiquer. J'estime et j'admire moi-
même,—mais je ne me sens pas le courage d'imi-
ter ces braves gens qui pâlissent sur un bouquin,
compulsent des monceaux d'archives, feuillètent
des manuscrits indéchiffrables et acquièrent, souvent, un peu de science, en avalant beaucoup
de poussière. A défaut d'esprit, j'ai peut-être
un grain de bon sens et j'ai pensé qu'il n'était
pas besoin de faire tant de recherches pour découvrir ce qu'on connaît depuis un demi siècle,
et que mes lecteurs ne me sauraient aucun gré
d'aller chercher dans les bibliothèques de Londres
ou dans les cartons de Notre-Dame-des-Blancs-
Manteaux, des renseignements historiques que
je trouve ici sans me déranger.

Je sais que, pour le dire, je n'étais nulle-
ment obligé de le faire et que, sans bouger

le pied, je pouvais me poser en pionnier de la science, et m'ériger en bénédictin. Mais j'ai préféré tout bonnement profiter des travaux de l'abbé Manet et d'autres savants, qui se sont donnés assez de mal pour que leurs efforts ne demeurent pas stériles. D'ailleurs, c'est plus prudent et surtout infiniment plus commode.

— Mais, direz-vous, encore un livre sur Dinan !....

— Comment ! — cela vous étonne ?

— Mais oui ! à moins que ce ne soit pour encadrer les gravures, je ne sais vraiment pas pourquoi.....

— Vous ne savez pas, mon cher lecteur ?...

— Non....

— Ma foi, — ni moi non plus !

J.-M. PEIGNÉ.

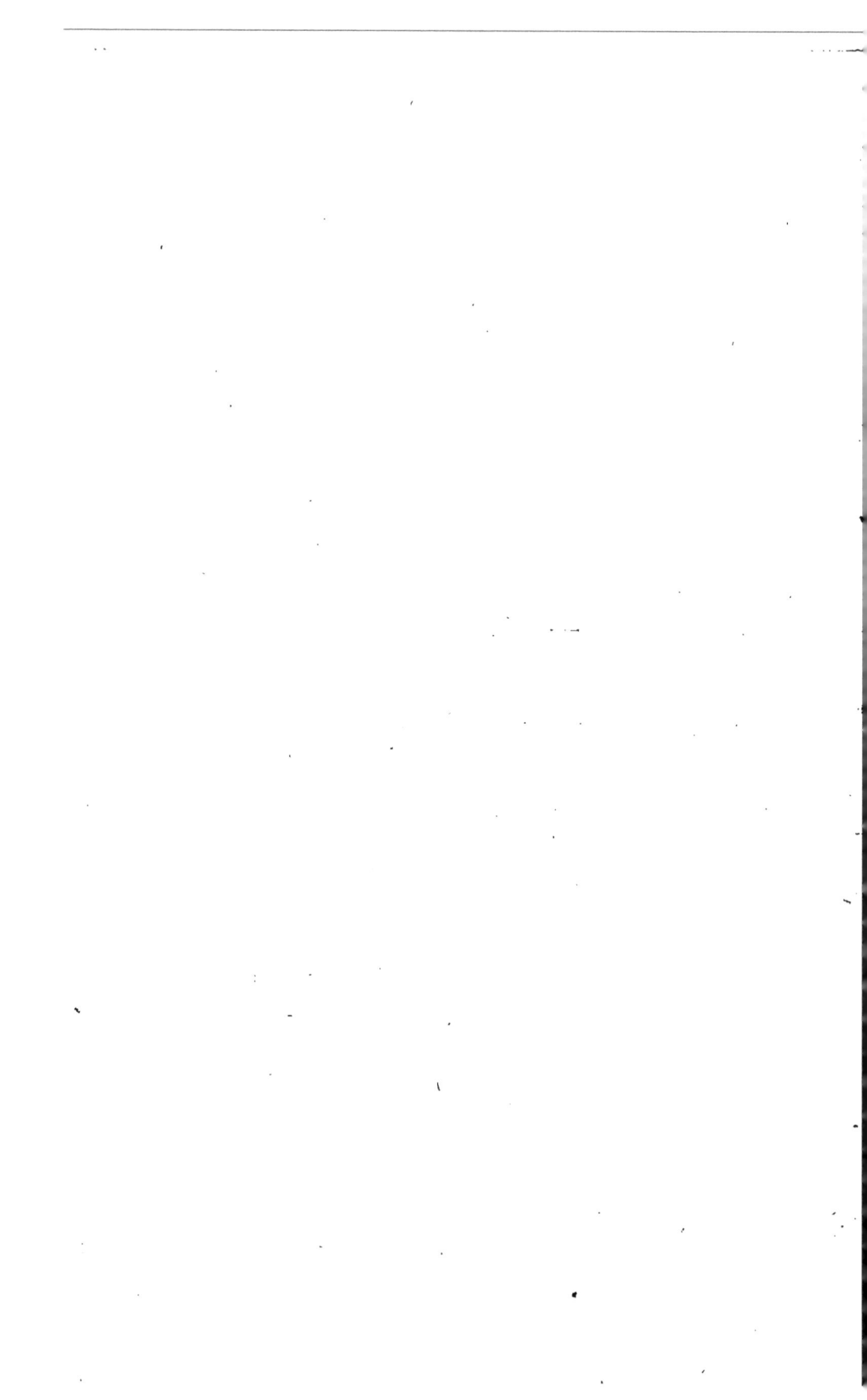

DINAN.

———

C'est un joli pays que Dinan : chaque pas qu'on y fait est une découverte, tantôt pour l'archéologue, tantôt pour l'historien, pour le rêveur, pour le philosophe, pour le touriste, pour le premier venu : c'est un coin de terre charmant, pittoresque, plein d'heureux souvenirs et de gaîté. Si vous ne voulez pas me croire sur parole, demandez-le plutôt à Chateaubriand, qui y a passé sa jeunesse, — à Émile Souvestre, qui l'appelle l'Éden de la Bretagne, — à Paul Féval, qui le compare aux plus riants vallons de la Suisse ; — ou plutôt venez le visiter vous-même.

La vie n'est qu'un voyage, dit-on : c'est une métaphore usée, mais plus juste qu'on ne

pense. Eh bien ! mettez Dinan sur votre itinéraire, et, dans le voyage, faites à l'ombre de
nos bois une petite halte : je vous promets
d'avance que vous n'aurez pas à vous en re-
pentir.

Personne ne dira certainement que Dinan est
la patrie des lettres et des arts : non ! mais
il ne faudrait pas en conclure qu'on n'y aime
pas la littérature et qu'on n'y rencontre pas d'artistes... Nos campagnes, si accidentées et boisées
si richement, sont bien faites pour enflammer
l'imagination du peintre et du poète : aussi
pourrions-nous citer plus d'un beau tableau,
plus d'un bon livre signés de noms du pays.

N'est-ce pas sous les avenues de Montchoix
et sur le tertre de *Brandefer* que le futur auteur du *Génie du Christianisme* a senti ses premières impressions, et, pour ainsi dire, battre
son cœur ? Les ombrages de Coëtquen n'étaient-
ils pas chers aux deux Lamennais et n'est-ce
pas à la *Chénaie* que Féli reçut la visite de
Berryer et de Montalembert et qu'il écrivit ces
pages brûlantes qui remuèrent si profondément
les esprits ? Tout près de cet ermitage du prêtre
philosophe, — au *Val*, — ou dans sa Thébaïde du Guildo, — un autre poète, Hippolyte

de la Morvonnais, chanta les joies du foyer et les grèves bretonnes. Et maintenant encore ne nous vient-il pas de jolis vers du Chalonge et de Coëtbicor ?

Que l'écrivain, que l'artiste viennent donc sans crainte dans notre pays. Ils y trouveront non-seulement des sites d'une rare beauté, mais encore le souvenir d'hommes illustres, et, — ce qui pour eux a bien son charme, — ils n'y verront que peu ou point de ces cheminées en briques rouges, qui dépoétisent les plus ravissants paysages.

Car, — et c'est un malheur ! — notre industrie n'est pas prospère aujourd'hui. Il fut un temps où Dinan comptait parmi les plus riches cités de la province. La fabrication des toiles à voiles occupait plusieurs centaines d'ouvriers ; ses tissus rayés se vendaient jusqu'au Canada ; il y avait du travail et partant du bien-être pour tout le monde... Maintenant ces vastes fabriques si animées, si bruyantes autrefois, — sont désertes ; — les métiers se taisent ; — l'industrie chôme ; les ouvriers souffrent, et la ville n'a plus d'autres ressources que ses tanneries, heureusement florissantes, une belle filature et son commerce d'exportation.

Il est vrai que l'exportation se pratique, chez nous, sur une très-grande échelle. Les œufs même disparaissent comme par enchantement, et nos poules n'y pourront bientôt plus suffire : le anglais aiment tant l'omelette ! Les céréales affluent de tous côtés et, chaque semaine, plusieurs navires quittent notre port et gagnent la mer, chargés de froment ou de graines pour le nord de la France et les côtes d'Angleterre. Une seule maison de notre place fait, — bon an mal an, — plusieurs millions d'affaires.

Dinan pourrait encore explorer une autre branche de négoce, — ou d'industrie, — comme on voudra : il ne faudrait pour cela qu'une seule chose, c'est que tout le monde comprît bien les intérêts publics et s'entendît pour les servir. Malheureusement.... Mais ceci serait de l'histoire trop moderne et je n'en dis pas plus long. — Pourquoi donc ne pas profiter des avantages que la nature a donnés à notre pays et ne point faire valoir le talent que Dieu nous a confié ? Notre ville n'est ni régulière ni somptueuse, — d'accord : mais elle a son genre de beautés et les touristes la visitent comme un des plus curieux spécimens des constructions du moyen-âge. On ne rencontre pas partout des maisons à porches avec pignons sur rue, de ma-

gnifiques églises, de vieilles murailles, des rues
étroites et tortueuses qui ressemblent assez bien,
comme on l'a dit, à un écheveau de fil em-
brouillé par un jeune chat. La Rance, l'Arguenon, les côtes de Lancieux au cap Fréhel, la
Fontaine-des-Eaux, les ruines historiques de
Léhon et de la Hunaudaye, les vestiges de l'occupation romaine à Corseul, nos villas perdues
dans les bois, — voilà de quoi, certes, attirer
les étrangers, et si ville fut jamais privilégiée
de ce côté, c'est assurément la nôtre. On commence à le sentir, Dieu merci ! et bientôt les
visiteurs trouveront chez nous ce que vont chercher à Dinard, au Croisic ou ailleurs, tant de
malades qui se portent à merveille : un peu
de vie et de plaisirs.

HISTOIRE LOCALE.

Si j'étais archéologue et membre de sociétés plus ou moins savantes, quelles longues et belles choses je vous raconterais sur l'origine de Dinan. Je vous ennuierais probablement, et mes dissertations étymologiques vous feraient bailler : mais j'aurais chance de passer pour érudit. — Or, c'est ce que je ne veux pas : — je n'aime point les gens qui m'ennuient et je ne puis souffrir ceux qui se donnent un faux air de savants.

Je me borne donc à vous dire que l'origine de Dinan se perd dans la nuit des siècles et qu'avec un peu de bonne volonté, rien ne m'empêcherait, si vous y teniez, de la faire remonter jusqu'aux Troyens.

Les uns prétendent que cette ville a été fondée en l'honneur d'une déesse, — de Diane,
s'il vous plaît, — et que *Dinan* n'est qu'un
dérivé de *Dionacum*.

D'autres font venir Dinan du mot celtique
Du-nen ou mieux *Dun-ham*, qui signifie, dit-
on, *lieu élevé*, étymologie que semblerait jus-
tifier la position topographique de la ville, assise au sommet d'une montagne.

D'autres....

Mais assez comme cela, n'est-ce pas ? Je vous
ai rapporté deux versions et vous voilà parfaitement libres de choisir : tâchez de prendre la
bonne !

Q'uimporte, au reste, l'époque de la fondation
de Dinan ? Pour être plus jeune de quelques
siècles et ne pas descendre de Diane en droite
ligne, notre cité n'en est ni moins gentille, ni
moins riche en souvenirs historiques.

Camden assure que c'est un seigneur breton
« de haute lignée et renom » qui en jeta les
fondements : tant mieux ! un chevalier breton
vaut, pour le moins, un héros de Rome ou de
Troie.

Mais, s'il est impossible d'assigner à l'origine

de Dinan une date précise , il est néanmoins constant que c'est une des plus anciennes villes de la province. Quelques savants pensent qu'elle existait au temps de l'invasion romaine et qu'elle était la capitale des Diablintes , peuplade gauloise qui habitait ces contrées ; — ce qui semble douteux par la raison bien simple qu'on n'en trouve aucune mention dans les *Commentaires de César*, ni dans les géographes latins de la même époque.

Son histoire ne commence, à vrai dire, qu'au onzième siècle : toutefois il est à remarquer qu'elle avait dès lors une certaine importance , puisqu'elle avait des seigneurs qui portaient le titre de vicomtes et qui étaient assez riches pour bâtir des châteaux et fonder des couvents.

Le premier vicomte connu est *Haimon* , qui vivait sous le règne d'Alain V, fils de Geoffroy et deuxième duc de Bretagne (1008-1040). Les sires de Dinan appuient alors l'insurrection de la branche cadette : en 1034 ils prennent résolùment le parti d'Eudon et, pendant trois ans, le pays est troublé par des luttes intestines.

En 1064, l'armée de Guillaume-le-Conquérant, commandée par le comte Harold, vient assiéger Dinan et s'en rend maître par composition :

cet évènement est représenté sur la fameuse tapisserie de Bayeux, attribuée à la princesse Mathilde, et souvent citée par les meilleurs historiens comme un monument anthentique de la conquète de l'Angleterre par les Normands.

La mort de Conan, successeur d'Alain V, ayant permis à Guillaume de mettre à exécution ses vues sur l'Angleterre, les sires de Dinan suivent ce dernier, auquel s'étaient réunis déjà les comtes de Fougères et de Léhon, — et reçoivent de riches dotations après la victoire.

Hoël prend la place de Conan et devient ainsi quatrième duc de Bretagne : c'est alors que Geoffroy 1er et Rivallon - le - Roux, son frère, fondent, sur les bords de la Rance, le prieuré de la Magdeleine.

Plus tard, à l'appel du pape Urbain II, Dinan prend part aux Croisades : à l'exemple de Gervais de Dol et de Rolland, Geoffroy et son frère s'embarquent pour la terre sainte, sous la conduite du vaillant duc Alain, qui, revenu d'Orient, se retire dans un monastère, à Redon, laissant à son fils, avec le souvenir d'un règne glorieux, la couronne ducale.

Cette époque est ici, — comme dans toute ʃa province, — celle de la fondation d'un grand nombre d'églises et de couvents, que les seigneurs érigent à l'envi, quelquefois par dévotion, souvent pour satisfaire leur orgueil et réparer des désordres passés. Un cloître de l'ordre de Saint-Benoît avait remplacé, dès le commencement du neuvième siècle, le vieux château bâti par les Romains à Léhon : sous Conan III, on voit s'élever les abbayes de Boquen et de Beaulieu, et les églises de Saint-Sauveur de Dinan, de Plouër, de Plumaugat, de Pleudihen, etc.

Après l'avènement de Conan IV, Dinan se ressent terriblement d'une révolte qui éclate entre ce prince et les seigneurs bretons. Le duc, se croyant perdu par la ligue qui s'était formée contre lui, livre la Bretagne aux Anglais et Henri Plantagenet vient mettre le siège devant notre ville, en 1168 : ne pouvant s'en emparer, il brûle les maisons sises en dehors de l'enceinte et le bourg de Léhon, dont le château même est démoli, deux ans plus tard, par suite des conventions de Louis-le-Jeune avec le roi d'Angleterre.

Quelques années après, c'est-à-dire sous le triste règne de Geoffroy IV, fils de Plantagenet, nous voyons les comtes de Dinan se joindre à

2

Raoul de Fougères et Eudes de Porhouët pour chasser Henri qui, malgré ses serments d'amitié, ravageait les contrées de Dol et de Combourg. Presque en même temps, une horrible disette met le comble à la détresse publique : au dire de la chronique manuscrite de l'église de Nantes, rapportée par dom Lobineau, la famine fut si grande que les hommes mangeaient de la terre ; que des mères faisaient cuire et dévoraient leurs propres enfants, et que les cadavres restaient étendus, sans sépulture, dans les rues et dans les chemins, faute de gens pour les enterrer. (1) Les moines du prieuré de Léhon, accusés d'avoir voulu profiter du fléau qui désolait le pays, sont frappés d'excommunication.

Quand retentit le cri de la troisième croisade, Olivier de Dinan se souvient de l'exemple de Geoffroy et part pour la Terre Sainte, d'où il revient sain et sauf, pour épouser Bavoise de Coëtquen. (1190-1192)

_____

(1) *Fames fuit tanta in Britannia quod fere tertia pars.... fuit fame sublata.* (Chron. ms. de l'église de Nantes.)

Tam valida fuit fames quod homines terra vescebantur, et quod etiam proprios eviscerasse filios et coctos comedisse asserunt, et quod maxima corpora mortuorum per vicos et plateas et vias jacebant, quia vix erat qui sepeliret. (Chron. de l'église de Rhuis, citée par Dom Lobineau, *Histoire de Bretagne.*)

Vers la fin du même siècle, Alain de Dinan, renommé par son courage, prend les armes pour défendre les droits du jeune Arthur 1er, proclamé neuvième duc (1196), contre Richard Cœur-de-Lion, qui faisait en Bretagne des ravages inouïs, dans le but d'usurper le trône de cet enfant de dix ans, son neveu. Après avoir brûlé Monfort, qui s'était soumise au roi d'Angleterre, il se présente sous les murs d'Aumale et combat corps à corps avec son ennemi, qu'il terrasse. C'était le plus brave des bretons de son temps.

Guy de Thonars succède au jeune duc Arthur, lâchement assassiné par Jean-sans-Peur ; mais les États tenus à Vannes lui enjoignent de n'administrer la province qu'au nom d'Alix, sa fille aînée, que Philippe-Auguste proclame duchesse, après la prise de Nantes, ne laissant à son père que le titre de régent. Dinan, fort heureusement, ne se ressentit point des troubles qui divisèrent Jean-sans-Terre et Philippe-Auguste, jusqu'en 1212, c'est-à-dire jusqu'au mariage de la princesse Alix avec Pierre de Dreux.

Vers le commencement du règne de ce dernier, les sires de Dinan et les principaux seigneurs du pays prennent part à la guerre contre les Albigeois, au retour de laquelle l'un d'eux, — Alain de Lanvallay, — touché des prédica-

tions de saint Dominique, donne le terrain né-
cessaire pour fonder une communauté dans la
ville de Dinan. En 1240, Henri d'Avaugour
bâtit, à son tour, le couvent des Cordeliers,
pour accomplir un vœu qu'il avait fait en
Terre-Sainte « à Monsieur saint François. »

Pierre de Dreux abdique en 1237, en faveur
de Jean 1er ; mais bientôt les seigneurs bretons
se liguent contre le nouveau duc, qu'ils ac-
cusent d'avoir violé leurs droits, et, dans la
guerre funeste du *past nuptial*, Dinan est brûlé
de nouveau. (1258)

Rien de remarquable ne signale, dans notre
pays, le passage de Jean II et de Jean III sur
le trône de Bretagne, si ce n'est la réunion des
États à Dinan, sous ce dernier règne.

Aux guerres de succession, la ville se déclare
pour Charles de Blois contre le comte de Montfort. En 1344, les Anglais, conduits par Thomas d'Agenvorth, s'en emparent et y mettent
le feu pour la troisième fois. Mais ce désastre
ne fait qu'augmenter la colère des Dinannais,
qui restent fidèles au comte de Blois jusqu'au
dernier moment. Vainement assiégée par le duc
de Lancastre, en 1359, elle est forcée d'ouvrir
ses portes à Jean de Montfort, en 1364, c'est-
à-dire après la défaite d'Auray.

Jean IV ayant de nouveau rappelé les Anglais, Bertrand du Guesclin, qui commandait
alors l'armée, prend Dinan et contraint le duc à
se refugier au-delà de la Manche. Six ans plus
tard (1379), Dinan tombe aux mains d'Olivier
de Clisson, qui la livre au pillage. Le 13 juillet
1380, Jean IV y fait son entrée triomphale et
ordonne la construction du *Châtel* et la rectifi-
cation des « *murs et bastyons.* »

C'est dans cette même année que meurt, sous
les murs de Chateauneuf-Randon, le connétable
du Guesclin, le plus grand homme de guerre
de son siècle ; suivant son dernier vœu, son
cœur est apporté à Dinan et solennellement déposé dans la chapelle des Jacobins.

Après la conclusion de la paix entre Jean IV
et le roi de France, les dinannais prêtent secours à Clisson, pour soumettre les malouins
revoltés.

Jean V, qui succède à Jean IV (1399),
ordonne, lors de la tenue des Etats de Bretagne dans la « bonne ville » de Dinan, d'y
frapper des blancs et des demi-blancs : à sa
mort, survenue en 1442, François 1er, son fils,
hérite de la couronne ducale, et vient recom-
penser la ville de sa fidélité. C'est alors qu'é-

clatent entre François et son frère ces déplorables discordes qui se terminèrent par la mort du malheureux Gilles de Bretagne : drame affreux, épouvantable, qui, commencé au Guildo , finit dans les cachots souterrains de la Hardouinaye.

En 1488, le vicomte de Rohan, à la tête des troupes du roi de France, assiége Dinan et s'en rend maitre, malgré la bravoure d'Amaury de la Moussaye qui, ne se sentant pas en état de se défendre, ne consent à capituler qu'à la condition qu'aucune atteinte ne sera portée aux libertés et franchises de la ville.

Nous arrivons au règne de la duchesse Anne, qui faisait, au dire de ses chroniqueurs, de fréquentes visites à son cher donjon de Dinan. En 1500, elle érige la ville en présidial ; elle fait don de la grosse cloche de l'horloge, en 1507 ; enfin , par lettres - patentes de 1510 , elle accorde aux dinannais la franchise de tous droits pour les foires du Liége et de la Saint-Gilles.

En 1570, Charles IX passe à Dinan, accompagné de sa mère, du duc d'Anjou et d'une grande partie de sa cour.

Quinze ans plus tard, Henri III donne cette

ville pour place de sûreté à Mercœur, qui, sur du dévouement de la population au parti de la Ligue , y établit une forte garnison, sous les ordres de St-Laurent, sieur du Bois de la Motte (1595) ; mais , le 2 mai 1597 , les royalistes arborent le drapeau blanc, en l'absence du gouverneur qui fait pendre, à son retour, les chefs du complot. Cependant une nouvelle conspiration ouvre les portes de la place aux troupes royales, commandées par le maréchale de Brissac (13 février 1598). La nouvelle en est portée au roi, qui en témoigne une vive joie et accorde amnistie pleine et entière « à tous les nobles, magistrats, bourgeois et manants naturels de la ville de Dinan de tous excès, fautes, désordres, crimes de lèze-majesté et autres, par eux commis depuis le commencement de la Ligue. (1) »

(1) On raconte que ce fut un malouin nommé Pépin qui fut chargé de porter au roi cette heureuse nouvelle. « Sire, j'avons prins Dinan ! dit-il en arrivant chez le roi —Cela ne se peut pas, répondit un peu brusquement le maréchal de Biron. — Vay ! il l'sçara mieux que mai, qui y étas ! répliqua Pépin d'un ton railleur, et en regardant le roi d'un air tout-à-fait familier : Mais, ajouta-t-il, en voyant qu'on ne lui offrait rien, est-ce qu'on est ici dans la maison du bon Dieu ? » Le roi chargea un de ses officiers de le régaler, et lui demanda, le lendemain, avant son départ, s'il voulait qu'on le fît gentilhomme « Nenni, sire, je les chassons de not'ville à coups de bâtons ; mais faites moi donner un cheval, le mien a crévé hier comme un pot. » Le roi lui fit donner un des meilleurs coureurs de ses écuries, et Pépin reprit, content, le chemin de St Malo.

En 1634, 1669, 1675, 1685, 1707, 1713 et 1777, les Etats se tiennent à [

En 1778, les prisonniers anglais entassés le chateau communiquent la peste blanch habitants de la ville, dont tout un quartie consumé, trois ans après, par un incendi dura plusieurs jours.

Dinan protesta contre le projet de 1788 demandait la suppression de tous les parlen et leur remplacement par une assemblée n nale unique pour tout le royaume.

En 1791, on commence à fermer les couve et dès les premiers jours de 1792, la Mont trône sur la place Saint-Sauveur, qui prend nom de place de la Concorde ou de la Libe

Depuis cette époque, — déjà loin de nous, notre ville a vu s'accomplir bien des évèneme qu'il serait trop long et peut-être imprudent raconter. Nous n'entendons pas, d'ailleur écrire une histoire complète de Dinan : no en avons seulement cité les dates principale afin que l'étranger ait l'intelligence des faits des hommes que pourraient lui rappeler que ques uns de nos monuments.

PORTE ST MALO A DINAN

FORTIFICATIONS. — PORTES.

Si la ville a pour le touriste tant d'attraits
par sa position sur le plateau d'une colline escarpée, ses délicieuses promenades et les sites
qui l'entourent, elle n'en a pas moins pour le
savant et l'archéologue par ses vieilles fortifications, ses antiques églises et les ruines pré-
cieuses qu'on y rencontre presque à chaque pas.

> Salut Dinan ! ô ville antique !
> Belle au sommet de tes rochers.
> Brillant joyau de l'Armorique !
> Que j'aime ton sol poétique,
> Tes monuments et tes anciens clochers !
> Tes vieilles tours, leurs créneaux, tes murailles,
> Témoins de nombreuses batailles,
> Ou Bertrand cueillit des lauriers !... (1)

Je n'essaierai point de peindre l'aspect poétique qu'elle présente, de quelque côté qu'on
y arrive : si vous voulez jouir de ces vues si
souvent mais si infidèlement reproduites par la
lithographie, gagnez les hauteurs de Lanvallay,
de Beauvais, des Charrières ou du St-Esprit,
ou bien encore, gravissez les falaises de la
Courbure ou la butte de Saint-Vallay : de là,

(1) *Dinan*, par Mlle F. T. DE LA G., (Annuaire de 1860.)

votre imagination s'empare du magnifique panorama qui se déroule devant vous. Ne craignez pas que je vienne interrompre vos jouissances par d'incomplètes descriptions. Je n'aurai pas même besoin de vous dire : admirez ! Je vous laisserai faire.

Avant de pénétrer dans l'intérieur de la ville qui, pour bien des gens, n'offre rien de bien attrayant que ses deux églises et son musée, — votre guide doit vous dire deux mots de ces vieilles et épaisses murailles, autrefois puissantes et terribles, maintenant festonnées de lierre et couvertes de terrasses fleuries et de joyeux belvédères.

> Ce ne sont plus des murs ; la pierre
> S'est cachée un peu tous les jours,
> Sous l'églantine et sous le lierre,
> Comme sous un dais de velours,
>
> De velours vert, où la lumière
> Vient jouer, au temps des amours,
> Et la lourde rose trémière
> Penche aux créneaux des vieilles tours. (1)

Dinan fut, autrefois, après Rennes et Nantes, la troisième place du duché de Bretagne par son importance militaire : les fortifications, qui formaient, autour de la ville, une ceinture de défense non-interrompue, présentaient une double enceinte et les murs étaient flanqués de nom-

(1) *Dinannaises*, par P. SAINTIVE.

breuses tours dont quelques-unes sont encore
debout. (1)

Quoiqu'il soit difficile de préciser l'âge de ces
murailles, évidemment construites à différentes
époques, plusieurs savants — entre autres **M. P.
Mérimée** — estiment qu'elles sont postérieures au
XIIIe siècle et s'appuient sur un passage de la
chronique de Froissart, où il est dit que « en

(1) Voici, d'après deux plans des fortifications de la ville,
en 1672 et en 1710, les noms de ces tours :

1. Porte Saint-Louis.
2. Tour de Coëtquen (la Poudrière).
3. Tour de la Duchesse.
4. Château (prison actuelle).
5. La Guérite.
6. Casemate (la Poterne).
7. Tour du Connétable (ou le Poulailler).
8. Tour de Beaufort (ou de Cocherel).
9. Tour de l'Hôtellerie (porte de Brest).
10. Tour Hunaudaye (ou de Saint-Julien).
11. Tour Vaucouleurs (ou de Lesquen).
12. Tour d'Avaugour.
13. Tour Beaumanoir (ou de Louée).
14. Porte Saint-Malo.
15. Tour du Gouverneur (ou du Bignon).
16. Porte du Jerzual.
17. Tour du Cognet (ou du Rempart).
18. Tour Sainte-Catherine.
19. Tour du Cardinal.
20. Tour du Sillon.
21. Tour Penthièvre.

N. B. Les tours portées sous les Nos 12, 17, 19, 21, sont
aujourd'hui détruites.

1343 Charles de Blois ordonna que Messire Loys d'Espagne et ceulx qui étoient venus avecques lui yraient assiéger la bonne ville de Dynant, qui *n'étoit fermée que de palis et d'eaux.* »

Les quatre portes de la ville sont assez bien conservées. La plus ancienne est celle du *Jerzual* (style ogival), en avant de laquelle en existait jadis une seconde dite de *Saint-Sébastien*, qui s'appuyait sur deux tourelles nommées le *Grand* et le *Petit Fort*, et qui fut démolie, en 1777, à l'occasion du passage du comte d'Artois. Elle était ornée, à l'extérieur, d'une magnifique pierre portant, en relief, les armes de *France et Bretagne*, et que l'on peut voir encore sur la façade de l'hôtel-de-ville où la municipalité l'a fait placer il y a quelques années. (1)

Les portes de l'*Hôtellerié* et de *Saint-Malo* n'offrent aucun caractère particulier, si ce n'est qu'elles sont un danger permanent pour la circulation, et pour les « savants » du lieu un sujet d'éternelle chicane. Enfin la quatrième est celle de *Saint-Louis* (1620) sur laquelle on voyait autrefois trois beaux écussons de granit, aux armes de Dinan, de Molac et de France et Bretagne.

(1) L'écusson en granit aux armes de la ville, qui fait pour ainsi dire, pendant à la pierre de l'ancienne porte de Saint-Sébastien, a été exécuté, en 1858, pour rappeler le passage de l'Empereur Napoléon III et de l'Impératrice Eugénie.

PORTE DE BREST.

LA BANDE NOIRE.

Connaissez-vous la bande noire ?

Rassurez-vous. Il ne s'agit point de brigands comme on en voit dans les forêts ou dans le livre de Lesage, mais tout simplement d'honnêtes gens qui n'ont qu'un tort (assez rare de nos jours pour qu'on le leur pardonne), — celui d'avoir un peu de bon sens.

Vous savez — ou vous ne savez pas — qu'il est question depuis quinze ans de rectifier le passage si dangereux de la porte de Brest, et que les avis sont très-partagés sur les moyens d'y arriver. Les uns demandent qu'on démolisse, sans autre forme de procès, les deux tours informes qui masquent tout un quartier et coûte, tous les dix ans, la vie à quelque pauvre passant ; les autres, amis enthousiastes de tout ce qui a vieilli, crient au vandalisme et veulent, au contraire, que l'on conserve, quand même, ces ruines qu'ils trouvent magnifiques, et dont ils font le plus bel éloge.

Et, comme il faut que tout ici-bas, ait un nom, les conservateurs ont donné celui de la *bande noire* aux partisans de la démolition.

Or donc puisque nous voilà sur ce chapitre, il est bon peut-être d'en finir avec les récriminations exagérées de quelques archéologues au sujet de la valeur de ces tours qui sont tout étonnées de faire aujourd'hui tant de bruit dans l'histoire. Plusieurs d'entre eux ont beaucoup parlé et passablement écrit pour vanter les beautés inconnues de la Porte de Brest ; pas un n'a eu la pensée de rappeler un seul fait d'armes, un seul évènement considérable dont elle ait été témoin. Nos savants — en *us* et en *i* — savent bien ce qu'ils font en prenant ainsi la défense d'un pan de murailles : cela pose et donne un faux air d'érudition qui est bien porté, ma foi ! par le temps qui court. Mais qu'ils nous laissent mettre leurs connaissances à contribution, et leur demander de quel prix et de quelle utilité peuvent être, au point de vue de l'histoire et de l'art, les tours de l'Hôtellerie. Ils sont sans doute mieux renseignés que nous sur ce point : pour nous, nous n'en savons rien, si ce n'est que ces tours ont successivement servi de prison et de dépôt de mendicité. Sont-ce là des souvenirs qu'il faille rappeler avec tant de soin ?

Oh ! les archéologues, — les archéologues !!!

Ce peut-être un très-beau rôle, messieurs,

que vous remplissez-là, et je ne vous sais pas
mauvais gré de la « bouillante ardeur » avec laquelle vous défendez ainsi la cause du lierre et
de la ronce ; mais — ne vous en déplaise — il me
semble que vous vous y prenez un peu tard.

Il y a quelques années on s'est avisé d'installer dans une salle de l'hôtel-de-ville des
pierres tombales, trouvées dans les vieilles abbayes de Léhon et de Beaulieu : croyez-vous que
ces pierres n'étaient pas mieux au milieu des
ruines, que sur les affreuses caisses en bois peint
de notre musée ? Le savant aurait eu plus de
plaisir à les étudier sur les lieux même où elles
recouvraient les restes d'un abbé ou d'un soldat, et à écarter de son bâton, les ronces et les
grandes herbes qui les auraient dérobées aux
regards indiscrets des profanes ?

Et le portail de l'ancien Hôtel-Dieu, dont Paul
Mérimée disait que c'était un chef-d'œuvre ?

Et les tombes de l'ancienne chapelle des Jacobins ?

Où est tout cela ?

Le portail est nous ne savons où.

Les dalles des Jacobins sont allées paver une
cuisine et la cour d'un hôtel.

C'était bien du vandalisme, cela : qu'avez-vous fait, qu'avez-vous dit pour l'empêcher ?

Et les remparts que tant de propriétaires ont si ingénieusement mutilés depuis quelques années, au moins dans certaines parties,— avez-vous demandé qu'on leur fît une loi de les conserver?

Et parcequ'aujourd'hui, pour rectifier un passage très-dangéreux, on réclame au nom de la salubrité, de la sécurité publique, le sacrifice d'une porte,— vous criez aux démolisseurs et vous montrez du doigt ce que vous appelez la *bande noire* !

Soyez moins chatouilleux à cet endroit, et devenez un peu plus raisonnables, au risque même de paraître un peu moins savants.

PROMENADE

DANS L'INTÉRIEUR DE LA VILLE,

MAIRIE.

MUSÉE. — BIBLIOTHÈQUE.

C'est par la porte de l'*Hôtellerie*, mieux connue sous le nom de *Porte de Brest*, que nous
commencerons, si vous voulez bien, notre promenade à travers la ville.

A tout seigneur — tout honneur !

Notre première visite doit être pour l'Hôtel-
de-Ville. C'est un édifice dont l'architecture est,
à coup sûr, des plus insignifiantes : néanmoins
la longue grille et la cour qui le précèdent lui
donnent une sorte d'aspect monumental. Les bu-
reaux du Secrétariat, le musée et les divers services relevant de l'administration municipale y
sont réunis : les combles, maintenant inoccupés,

servaient autrefois au casernement de la garnison. (¹)

Fondé en 1845, enrichi de plusieurs dons du
gouvernement et d'une collection particulière
achetée par la ville, — le musée possède
une quantité considérable d'objets appartenan
soit à l'archéologie, soit à l'histoire naturelle.
On y conserve même avec soin plusieurs objets
historiques très-précieux : tels que l'ancien mouvement de l'horloge de Dinan, curieux spécimen
de l'horlogerie en France au XVᵉ siècle (²) ;
le masque du connétable Du Guesclin, moulé

(1) Voici la liste des maires qui ont administré la ville
depuis 1792 :

Charles Leconte-Delisle, nom- mé en 1792	François de la Noue, 1829.
Reslou de la Tisonnais, 1792.	De Sᵗ-Pern-Coüellan, 1830.
Le Bourguignon, 1793.	Auguste Egault, 1835.
Berthelot, aîné, 1794.	Louis Leconte, 1837.
Charles Néel, 1801.	Joseph Lesage, 1847.
Raimond le Chevalier, 1807.	Louis Bélêtre–Viel, 1849.
Pierre Deniaux, 1815.	Louis Leconte, 1857.
	Henri Flaud, 1861.

Sous-Préfets de l'arrondissement de Dinan, depuis l'an VIII.

Le citoyen Gagon, an VIII.	Claude Sevoy, 1822.
Charles Néel, 1806	Charles Néel, 1830.
Vicomte de Grassin, 1814.	Boby de la Chapelle, 1846.
Charles Néel, 1815.	Eugène Janvier, 1847.
(cent jours).	Charles Marin, 1849.
Vicomte de Grassin, 1815.	Fˢ de Bassoncourt, 1854.
Vicomte du Bourg-Blanc 1815.	G. de Vaudichon, 1855.

(2) Numéro 146 du catalogue.

ßur la pierre sépulcrale de Saint-Denis (¹) ; ceux
de Henri IV (²) et de Napoléon (³), d'après nature ; — une bombe provenant de la bataille de
Saint-Cast (⁴) une mèche de cheveux de Napoléon Iᵉʳ (⁵) la giberne de la Tour d'Auvergne,
premier grenadier de France, et trois drapeaux
portant ces dates : 1815 — 1830 — 1848.

Quand à ces pierres tumulaires que vous voyez
parallèlement rangées sur des sarcophages en
bois dont la couleur criarde contraste désagré-
ablement avec la teinte sévère du granit, —
elles proviennent, les unes de l'ancienne église
des Jacobins, les autres de la chapelle des Beaumanoir ou de l'abbaye de Beaulieu.

Voici, d'après le catalogue (très-défectueux,
soit dit en passant) publié par les soins de l'administration, et dans l'ordre des numéros ins-
crits sur chacune des pierres tombales, les noms
des personnages qu'elles rappellent :

1. Rolland de Dinan, seigneur de Montafi-

(1) Numéro 130 du catalogue.
(2)   id.   131   id.
(3)   id.   132   id.
(4)   id.   132   id.
(5) Les cheveux de Napoléon et la giberne de La Tour
d'Auvergne sont placés sous verre au milieu de la Bibliothèque.

, fondateur de l'abbaye de Beaulieu, dans les ruines de laquelle cette statue a été trouvée.

2. Jehan de Beaumanoir, armé de toutes pièces, comme le précédent : cette pierre a été apportée de la chapelle des Beaumanoir, qui était attenante au prieuré de Léhon.

3. Berthelot d'Angoulevent, lieutenant de Robert de Guitté, vers 1387 ; — (extraite de l'église des Jacobins).

4. On ne sait, au juste, comment s'appelait la châtelaine dont cette pierre recouvrait les restes ; quelques historiens prétendent que c'était une Beaumanoir et s'appuient, entre autres raisons, sur ce que son tombeau était placé dans la chapelle de cette illustre famille.

5. On n'en sait guère davantage sur le compte de celle-ci. Les armoiries que porte l'écusson du côté droit feraient supposer qu'elle réprésente un sieur de La Vallée de la Coninnais. Serait-ce celui qui vivait vers la fin du XVe siècle ?

6. Prieur de l'abbaye de Léhon.

7. Ce chevalier, vêtu d'une cotte d'armes et tenant deux chiens sous ses pieds, est Raoulin Pono de Redon, père d'un prieur de Léhon, ainsi que l'apprend l'inscription suivante :

« Cy gist : Raoulin : Pono : de Redon : père :
« du prieur : de céans : qui trépassa : le xviii^e
« jour de novembre, l'an mil iiii^{cc} et xvi : Dieu
« lui pardont amen. »

8 et 9. Les deux pierres, classées sous ces
numéros, ont été, comme les précédentes, trouvées dans la chapelle des Beaumanoir, à Léhon.

Enfin les amateurs de curiosités historiques
peuvent voir, dans la cour occidentale de la
mairie, plusieurs fragments et deux pierres tombales provenant de l'*ancienne église de Trégon.*

Au fond de la salle du musée, derrière de
modestes vitrines, dorment en paix, sur leurs
rayons poudreux, les trois ou quatre mille volumes de la *Bibliothèque.*

Cette bibliothèque, qui n'est publique que de
nom, fut jadis beaucoup plus riche qu'elle ne
l'est aujourd'hui. En 1791, après la suppression
des monastères, devenus propriétés nationales,
elle renfermait plus de quinze mille volumes.
Mais grâce à des spoliations successives, le nombre en est considérablement réduit : encore ce
qui avait échappé au nauffrage fut-il rélegué
longtemps dans le coin d'un grenier ! Ce ne fut
que vers 1830 qu'on eut l'idée de réunir tous

ces livres éparpillés. Classés par M. Victor Aubry,
on les installa, quelques années après, dans ces
armoires, d'où peut-être ils n'ont jamais bougé
depuis.

Regardez-les bien, à travers les vitres qui les
protègent, ces volumes dont la poussière a terni
l'élégante reliure..... Regardez-les plutôt deux
fois qu'une, car, je vous en préviens, c'est probablement là tout ce que vous en verrez.... (¹)

Comme il n'est pas très-amusant de rester
planté, pendant une heure, devant des livres
qu'il est défendu d'ouvrir, nous ferons mieux
de sortir et de visiter ensemble la *Salle des bals
et concerts*.

Ne vous attendez pas à voir une vaste pièce,
somptueusement meublée : quelques tableaux et de
mauvaises banquettes — et c'est tout. Mais votre
guide vous y conduit, parce qu'elle renferme
une galerie malheureusement incomplète des
hommes illustres que notre arrondissement a vu
naître, ou qui ont laissé dans ce pays des traces
de leur passage. Voici d'abord Duguesclin : quoiqu'on ait dit de sa laideur, il est évident

(1) L'Administration municipale vient de décider que la bibliothèque sera ouverte au public dès qu'on aura pu trouver un
local convenable pour l'y installer

que le peintre ne l'a pas flatté. Ne trouvez-vous pas que, sur cette toile, le connétable ressemble assez à un bedeau portant dévotement la latte traditionnelle ? Puis, autour de la salle, sont suspendus les portraits de Jacques de Beaumanoir, de Duclos-Pinot, du comte de la Garaye et du fameux médecin Broussais : d'autres célébrités prendront bientôt place à côté de celles-là.

BROUSSAIS, (François-Joseph-Victor), né à Saint-Malo le 17 décemdre 1772, passa une partie de son enfance au presbytère de la paroisse de Quévert et fit ses humanités au collége de Dinan. Il servit d'abord six ans dans la marine militaire, en qualité de chirurgien, et partit ensuite pour Paris, où il fut reçu docteur et pratiqua la médecine jusqu'en 1805. Ayant pris de nouveau du service dans l'armée, il fit successivement les campagnes de Hollande, d'Allemagne, d'Italie, d'Espagne et ne quitta son poste qu'à la paix de 1814. C'est alors qu'il fut nommé médecin ordinaire du Val-de-Grâce, dont il devint bientôt médecin en chef.

L'illustre fondateur de la médecine physiologique est mort à sa maison de campague de Vitry-sur-Seine, le 17 novembre 1838, au matin, à l'âge de 67 ans : ses funérailles, donnèrent lieu à de touchantes manifestations. Plus de deux mille étudiants suivaient le cortège, et, dès que le cercueil fut descendu, pour la célébration de l'office religieux, dans la chapelle de l'hopital militaire, ces élèves détclèrent les chevaux et traînèrent eux-mêmes la voiture funèbre jusqu'au cimetière du Père Lachaise.

Broussais était commandeur dans l'ordre impérial de la Légion-d'honneur, membre de l'Académie des sciences morales et politiques, professeur à la Faculté de médecine de Paris, membre de l'Académie royale de médecine et inspecteur général du service de santé des armées de terre et de mer.

Les souvenirs et les affections qu'il avait laissés dans notre ville lui faisaient considérer Dinan comme sa patrie ; jamais il ne parlait sans une vive émotion des années heureuses qu'il y avait passées et des nombreux amis qu'il y comptait encore. « Je suis né à Saint-Malo, écrit-il dans une de ses lettres, mais toute mon éducation s'est faite à Dinan, d'où mon père était natif, ce qui m'a rendu plus dinannais que malouin ; — et cela d'autant plus que, depuis l'âge de cinq ans, je n'ai plus habité ma ville natale. »

Le portrait de Broussais a été peint par M. Jamet, professeur à Dinan, d'après le portrait

fait pour la mairie de Saint-Malo par M. Ris.
Broussais est assis auprès d'une table sur laquelle sont déposés ses principaux ouvrages :
son *Examen des Doctrines Médicales*, son *Histoire des Phlegmasies* et le *Traité de l'Irrita-
tion et de la Folie*. On aperçoit dans le lointain
le dôme du Val-de-Grâce. Ce tableau, de l'avis
des connaisseurs, est largement dessiné et fait
honneur au talent du regrettable M. Jamet :
quelques personnes reprochent seulement à l'auteur d'avoir donné à Broussais une attitude che-
valeresque, un air de commandement, qui ne
s'allient guères avec la profession qu'il exerçait.

Si Broussais n'avait été qu'un médecin célèbre, ces observations seraient fondées : mais
il ne faut pas oublier que, « pendant vingt ans,
« sa vie s'est écoulée dans les polémiques les plus
« irritantes dont les fastes de la médecine aient con-
« servé le souvenir, — qu'à sa voix, toute une gé-
« nération s'est émue, et que, sous sa main puis-
« sante, tout le vieil édifice s'est ébranlé jus-
« ques dans ses fondements. »

A cet homme, qui a soulevé tant de passions, à
cet ardent révolutionnaire de la science, le peintre
pouvait-il donner l'attitude calme d'un médecin
dont la vie n'eut été troublée par aucun orage ?

3

Cette salle, malgré sa modeste apparence, a été témoin de nombreuses et brillantes fêtes, aux beaux jours de la *Société des eaux*. (¹) Que de bals brillants, que de danses folles ont tournoyé sous ses lustres !

HOTEL-DIEU. — INCURABLES.

Les bâtiments occupés aujourd'hui par la mairie servaient autrefois d'hôpital : ce n'est qu'en 1822 qu'ils ont reçu leur destination actuelle.

De cet établissement qui portait le nom d'*Hôtel-Dieu (domus Dei)* dépendait une chapelle dédiée à Notre-Dame et dont le riche portail a fait l'admiration de tous les artistes qui l'ont étudié.

« Comme difficulté vaincue, écrivait Paul Mérimée en 183.., l'ornementation de ce portail est remarquable et l'on ne peut trop s'étonner de la patience du sculpteur à fouiller précieusement le granit dont il est construit.... »

(1) La *Société-des-Eaux*, reconstituée depuis plusieurs années sous le patronage de l'administration municipale, est composée de dinannais et de souscripteurs étrangers qui se réunissent dans un salon de conversation attenant à l'Hôtel-de-Ville. Chaque semaine, en été, il y a bal champêtre à la Fontaine et grand bal à la Mairie. La société donne, pendant la saison, plusieurs concerts, dans lesquels se font entendre, parfois, les artistes les plus distingués de la capitale : Geraldy, Jules Lefort, Nadaud, Mme Gavaux-Sabatier, Nathan, etc.

En 1839, on enleva cette construction qui était un véritable chef-d'œuvre et les débris en ont été dispersés :

C'est tout simplement du vandalisme au dix-neuvième siècle.

Avant de quitter le quartier de la Croix-Plate, jetez encore un coup d'œil sur cette grande maison qu'on a bien en vain tenté de rajeunir, et sur la porte de laquelle on lit, en vieux caractères : HOSPICE DES INCURABLES. C'est ici qu'en 1793, le vertueux comte de la Garaye fonda un hospice destiné à recevoir les pauvres atteints de ces maladies terribles dont on ne guérit jamais. Sur l'emplacement de cet édifice, qu'on sera bientôt obligé de démolir, ne devrait-on pas ériger un monument à la mémoire du noble châtelain qui consacra, au soulagement des indigents et des malades, sa vie, sa science et son immense fortune ?

HOTEL DE TIPHAINE RAGUENEL,

SAINT-CHARLES.

Des Incurables à l'église Saint-Malo, il n'y a pour ainsi dire qu'un pas ; mais, il y a vingt ans, vous auriez pris certainement le chemin le plus long pour aller voir, dans la *rue de la*

Croix, les ruines de l'ancien *hôtel* de Tiphaine
Raguenel. C'est là que la vertueuse et savante
épouse de Bertrand Du Guesclin venait se reposer, quand elle quittait son manoir de la
Bellière, et que fut vraisemblablement célébré
son mariage. Aujourd'hui tout est détruit et de la
vieille et belle tourelle du château, il ne reste
plus qu'une seule pierre qui surmonte l'entrée
d'une maison voisine et que vous reconnaîtrez facilement à la Croix de Malte qui la distingue.

Ces hautes murailles, entre lesquelles sont
encaissées les rues de la Croix et de la Boulan-
gerie, vous annoncent le voisinage d'un cloître:
en effet, l'espace compris entre ces deux rues
était, en partie, occupé par un établissement
d'éducation appartenant aux dames ursulines de
Saint-Charles. Autorisée en 1615, ce couvent
ne fut établi que cinq ans plus tard et jouit
d'une grande prospérité, jusqu'en 1791, époque
à laquelle il subit le sort de toutes les communautés religieuses.

Le gouvernement révolutionnaire en fit une
prison. Plus tard, MM. Dutertre frères (¹), y
établirent une fabrique importante de toiles à

(1) M. Yves Dutertre, chef de cette maison, la plus riche
et la plus ancienne du pays, est mort en 1857; il a rendu à

Oberthur del.

Lith. Oberthur, Rennes

CHEVET DE L'ÉGLISE St MALO · O DINAN

voiles qui fut longtemps la principale artère de
l'industrie dinannaise, et qui a été remplacé depuis par une communauté de Carmélites.

EGLISE SAINT-MALO.

L'église paroissiale de Saint-Malo occupait autrefois, dans le faubourg de ce nom, l'emplacement où a été construit, depuis, une chapelle
qui sert aujourd'hui de grange.

Mais, situèe en dehors des murs d'enceinte,
elle pouvait servir de citadelle aux Français qui
menaçaient d'assiéger la ville, et ce fut ce
qui décida le duc François II à la faire démolir,
en l'an 1487,

Les habitants de Dinan sollicitèrent alors et
obtinrent la permission de la reconstruire dans
l'intérieur des fortifications sur un terrain acheté
à cet effet par Jehan, vicomte de Rohan, gouverneur de la ville, qui se réserva le droit d'enfeu, — privilége dont il ne put jouir par suite
de sa conversion à la religion réformée. Jehan
de la Haye, sieur du Bouays, bourgeois de Dinan,

notre ville des services considérables comme négociant et
comme député ; et nos concitoyens savent que, jusqu'à un certain point c'est à son zèle et à ses démarches incessantes que
l'on doit la construction de ce beau pont-viaduc dont nous par-
erons tout à l'heure.

ayant obtenu l'autorisation de Monseigneur Pierre
de Laval, archevêque de Reims, la première
pierre du nouvel édifice fut posée, le 17 mai
1490, par le vicomte de Rohan lui-même, ainsi
que l'atteste l'inscription suivante, gravée en
caractères gothiques sur un des piliers de l'é-
glise :

« *Ce dix-septiém° de may § l'an mil quatre*
« *ces iiiixx et dix fut comacce pour vray §*
« *cette église en ce po^r prins § par les Tré-*
« *soriers à ce cms § desquelx les nos sot Jehn*
« *Gieql § et Jehn du Buot qlxs ot comis*
« *Olivie^r Rouxel §.* » (¹)

Cette église possédait, avant la révolution,
l'enfeu de Raoul Marot des Alleux (²), monument
en marbre blanc d'Italie, non moins remarquable
par la pureté du style que par le fini de la sculpture, mais le vandalisme de 93 a passé par là,

(1) Il est à remarquer que comme toutes celles de la même
époque, cette suscription est rimée.

(2) Ce Raoul Marot des Alleux, sénéchal de Dinan, avait
pris une part très-active dans la conspiration qui amena la
reddition de Dinan au pouvoir de Henri IV, en 1358. Le roi
pour l'en récompenser, lui donna des lettres de noblesse avec
une main pour armoiries, ce qui signifiait peut-être que Raoul
avait donné, dans cette circonstance, un bon coup de main.

On sait que c'est dans son hôtel (*hôtel Plouër*, près des
Cordeliers) que fut ourdi le complot.

et de ce beau mausolée c'est à peine si l'on a pu sauver quelques débris actuellement au musée.

Au nombre des personnages ensevelis sous les dalles, il faut citer Auguste de Saint-Pern, lieutenant des maréchaux de France, et Monseigneur Claude-Louis de Lesquen, ancien évêque de Beauvais et de Rennes, mort dans le Seigneur, le 17 Juillet 1855 ([1])

L'intérieur renferme plusieurs objets d'art d'un mérite réel : la chaire, relique de l'ancienne chapelle des Dominicains, le calvaire qui domine le chœur, le retable du maître-autel, chef-d'œuvre d'un sculpteur nantais, Dominique Molchnent,—et enfin un tableau représentant le Christ en croix, qui est fort estimé des connaisseurs.

Mais c'est en lui-même surtout que ce monument est admirable, notamment dans sa partie achevée.

(1) Mgr de Lesquen qui occupa, en dernier lieu, le siége de Rennes, où il a laissé une mémoire justement vénérée, voulut passer sa vieillesse dans notre ville, où il comptait plusieurs membres de sa famille et de nombreux amis; jusqn'au moment de sa mort, il édifia tout le monde par sa modestie charmante, l'ardeur de son zèle et la bonté de son cœur.

Mgr de Lesquen avant d'entrer dans les ordres, avait servi dans le régiment de Condé, où il avait mérité, par sa bravoure, l'épaulette de lieutenant et la croix de Saint-Louis.

Quelques années avant de mourir, il avait reçu la décoration de Charles III d'Espagne.

« Le chœur de l'église Saint-Malo dit l'auteur
du *Guide pittoresque du voyageur en France*, le
chœur de cette église, dont l'exécution est seule
complète, peut donner une idée de ce qu'elle
aurait été si l'on y eut mis la dernière main.
L'extérieur présente une grande quantité de
sculptures et d'ornements d'une forme et d'un
caractère singuliers. Ces légères pyramides, ces
arcs-boutants décorés de cannelures et creusés
pour servir de conduits à ces gouttières qui
s'allongent au delà des murs, sous les formes
les plus capricieuses et les plus bizarres, ces
fenètres en ogives dont les vitraux ne laissent
pénétrer dans l'église qu'une lumière douteuse,
— tout concourt à rendre le chœur de l'église
Saint-Malo le plus beau morceau d'architecture
de cette époque que possède Dinan. »

S'il plaît à Dieu, ce monument sera bientôt
achevé, grâce à la générosité des dinannais,
aux dons du gouvernement, au dévouement et
aux sacrifices personnels du curé de la paroisse.
Il serait inutile de vous détailler ses beautés :
vous pouvez les admirer. Mais ce que je voudrais pouvoir vous dire, c'est le zèle du digne
prètre qui en a entrepris la restauration et qui
a rencontré, sur son chemin, tant d'obstacles
difficilement mais enfin heureusement surmontés.

Ce que je voudrais pouvoir raconter, c'est le récit de sa vie, dépensée, comme sa fortune, à cette œuvre éminemment artistique et religieuse. Oh ! si vous entrez dans le vieux temple, si vous visitez ces travaux, ouvrez votre bourse et faites-vous un honneur et un devoir de contribuer, par une offrande, à leur achèvement ! ([1])

CORDELIERS.

De l'église Saint-Malo, — en suivant la *Grande-Rue*, ainsi nommée, sans doute, parce qu'elle était autrefois la rue principale de la ville — on arrive bientôt sur la place de la *Croix-aux-Cordeliers*, après avoir laissé sur la gauche la communauté des Sœurs de *la Sagesse*, ([2]) fondée

(1) Cette restauration a été commencée en 1855, sous la direction de M. Charles Aubry, architecte de l'arrondissement. La nef aura 10 m. 50 de surélévation ; les deux bas-côtés auront 26 mètres de longueur, sur 7 m. 70 de hauteur ; enfin il y aura deux chapelles latérales de 6 m. de largeur, sur 9 m. de hauteur et 3 m. 20 de profondeur.

(2) Les religieuses de la Sagesse donnent l'instruction gratuite aux jeunes filles pauvres, et plusieurs d'entr'elles visitent, chaque jour, les malades indigents. — Leur supérieure, Mme Cécile Convèze, sœur Aimée, se dévoua, en 1831, au soulagement des cholériques de Saint-Cast avec un admirable dévouement. C'est sans doute à cause des services qu'il rend au pays que cet établissement a toujours prospéré.

. Plusieurs dames nobles sont venues chercher, dans le calme religieux de cette maison, le repos et la tranquillit) qui plaisent au soir de la vie. C'est là qu'est morte, en 1860, dans sa 101e année, Mme la vicomtesse de Marigny, dernière sœur de Châteaubriand.

en 1753, par le comte de la Garaye et Monseigneur Bastie, évêque de Saint-Malo ; — et plus loin l'hôtel du Sénéchal Marot des Alleux, dans la salle basse duquel se trama, le 13 février 1598, le complot qui décida de la soumission de Dinan au roi Henri IV. A part ce souvenir historique, cette habitation, plus connue sous le nom d'hôtel de Plouër, n'offre au touriste rien de curieux, si ce n'est une corniche en granit, dont la sculpture est dit-on, remarquable à plus d'un titre.

Voyez-vous ce portail de forme ogivale, qu'encadraient naguères si pittoresquement deux vieilles maisons à porches ?

C'est l'entrée des *Cordeliers*, couvent fondé, vers 1521, par Henry, comte d'Avaugour, voici dans quelles circonstances :

C'était à la fameuse journée de la Massoure, qui coûta si cher à la France. L'armée chrétienne, conduite par l'impétueux Robert d'Artois, traversait en désordre le gué de l'Aschmoun, et poursuivait imprudemment les Turcs jusques dans le village de la Mansoubra, qui fut le tombeau de tant de nobles chevaliers. Effrayé du danger que courait le roi, resté seul à combattre contre un gros d'ennemis, le

connétable Henry d'Avaugour, « fit vœu à Dieu
« et à Monsieur saint François, que si Dieu
« donnait la victoire aux Chrétiens, il ferait à
« ses dépens construire et édifier, en son propre
« palais, » un cloître où lui-même, le premier,
prendrait l'habit religieux.

> « Benoist Jésus qui voulustes mourir
> Pour nous en croix, ayez de nous pitié,
> Contre ces chiens veuillez nous secourir,
> Qui vos saints lieux ont ainsi prophainé....
> . . . .
> En mon palais, à Dinan situé,
> Je ferai faire couvent de saint François,
> Pour servir Dieu, en hiver et esté
> Et lesseray mes chevaux et harnoys... »

Le vœu d'Avaugour fut exaucé, et, la guerre
finie, le pieux connétable remplit fidèlement sa
promesse. Il prit congé du roi « qui se mit à
pleurer, » passa en Italie, où il reçut l'habit
de l'ordre,

> « Puis à Dinan, par sainct Bonaventure,
> Fut envoyé et bastit le couvent,
> De dévotion et d'honneste mesure,
> Où il vesquit et mourut sainctement. »

La chronique ajoute que « plusieurs seigneurs
de son très-noble rang » suivirent l'exemple
du baron d'Avaugour et que le couvent devint
bientôt « en grande mémoire et renom. »

En 1789, les bâtiments de l'ancien monastère furent déclarés propriété nationale ; la chapelle fut pillée et les pierres tombales qu'elle contenait allèrent paver la cuisine de quelques bourgeois patriotes de la localité.

Après la révolution, le vénérable abbé Berthier, curé de Saint-Malo et vicaire-général du diocèse, y fonda l'école ecclésiastique qu'on y voit encore aujourd'hui. On rapporte que ce saint prêtre n'avait, pour toute fortune, qu'un écu de trois francs, quand il fit cette acquisition : la Providence a largement recompensé son zèle !

TEMPLIERS. — SAINT-LÉONARD.

St-JACQUES. — JERZUAL.

En sortant des Cordeliers, on aperçoit, de l'autre côté de la place, le pignon noirci d'une maison d'architecture bizarre : voilà tout ce qui reste d'une Commanderie de Templiers, de ces hommes courageux qui avaient pour devise : « garde-malades la nuit, soldats le jour... morts « ou vivants, toujours au Seigneur ! » Ne demandez pas à quelle époque remonte la fondation de 'ette commanderie : tout ce qu'on sait, c'est qu'à l'intérieur ou dans le voisinage de l'établissement, il y avait autrefois une chapelle très-renommée, sous le vocable de saint Nicolas.

Si vous suivez la rue de la Lainerie, qui s'ouvre sur votre gauche avec sa galerie de vieux porches, vous arrivez sur un petit placitre où s'élevait la chapelle Saint-Léonard, bâtie au XVᵉ siècle et dont il ne reste plus aucune trace : le chapelain de ce lieu avait la mission de visiter et instruire les prisonniers de la ville, et, pour ce, recevait une modique rente, ainsi que l'apprend un aveu de 1668. La maison qui s'élève sur les ruines de l'ancienne chapelle, a successivement servi de Palais-de-Justice et de temple protestant : au moment où nous écrivons ces lignes (1862), on y fait des aménagements pour la Justice-de-Paix.

Sur ce même placitre, à l'encoignure des rues de la Lainerie et de la Vieille-Poissonnerie, existait aussi le prieuré de Saint-Jacques, fondé, vers 1368, par Olivier Brécel pour donner asile aux voyageurs et pélerins indigents : cet hopital, dont les dépendances comprenaient tout le terrain circonscrit par les rues de la Poissonnerie, de la Lainerie, de la Croix-aux-Cordeliers et l'Apport, fut transféré, — pour cause d'exiguité, — dans la rue de l'Ecole, où il se trouvait encore quand éclata la révolution.

Du haut du Jerzual, — nom bizarre, dont
nous ignorons l'étymologie, — on se rend
à l'église St-Sauveur par les rues de la Vieille-
Poissonnerie, de l'Apport et de la Larderie,
ainsi nommées du genre de négoce qui s'y exerçait. Mais avant d'entrer dans cette dernière
ruelle, remarquez, à gauche, ce grand portail,
surmonté de balustres en granit taillées à jour :
c'est l'entrée seigneuriale de l'hôtel Beaumanoir,
plus vulgairement appelé Vieux-Couvent, parce
qu'il a été longtemps habité par les religieuses
qui firent ériger plus tard l'établissement de
Sainte-Catherine. Et, pour ne rien laisser ina-
perçu, s'il est possible, traversez lentement la
Larderie, afin d'examiner, avec quelque attention, deux vieilles maisons dont les pignons
sont ornés de statuettes et de figurines en bois,
— genre d'ornementation que nous retrouvons
en plusieurs endroits de la ville, notamment aux
maisons à porches de la Croix-aux-Cordeliers.

Pauvres porches ! ils sont, paraît-il, condam-
nés à tomber. Les rues seront plus droites,
mais seront-elles plus curieuses et notre ville
ne perdra-t-elle pas, au contraire, en pittoresque, ce qu'elle gagnera peut-être en régularité ?
— Quant à nous, nous aimons à voir, comme
le poète,

Oberthur del.

CHEVET DE L'ÉGLISE St SAUVEUR
à Dinan.

Sur ses colonnes chancelantes
Dont les vers ont rongé le bois,
Appuyant le plus vieux des toits
De ses cariatides tremblantes.

. . . .

Le porche étendre à la lumière
Ses pauvres membres harassés
Des injures des temps passés.
Bien des gens lui jettent la pierre,
Et lui, d'une ombre hospitalière
Les couvre encor, les insensés !...

Voici la vaste place de St-Sauveur, au fond
de laquelle se dessine le magnifique portail de
l'église. Cette place, où se trouvait primitive-
ment établie la halle communale, et sur laquelle les adeptes de Carrier élevèrent plus tard
la hideuse guillotine, s'est nommée successivement champ Jacquet, Carhouët, enfin, en 1793,
place de la Liberté et de la Concorde, — nom
dont on baptisait, par une amère dérision, une
foule de places et de rues, en ces temps de
terreurs et de discordes civiles.....

EGLISE SAINT-SAUVEUR.

Il ne serait peut-être pas très-facile d'expli-
quer comment et par suite de quels évènements
ces lieux ont si souvent changé de nom, mais
vous avez hâte de visiter le vieux temple qui
est tout près de vous, et vous pressez le pas

sans vous occuper davantage de la place assez insignifiante que vous venez de traverser.

Il est juste, avant d'entrer, de vous laisser admirer la façade de l'église : qu'elle devait être belle, — n'est-ce pas ? — avant d'être ainsi dégradée ! Elle se compose de trois arcades richement sculptées, surmontées de figurines mutilées, séparées entr'elles par d'élégantes colonnettes, qui, quoiqu'en harmonie, présentent, toutes, des dessins différents. Au dessus de la porte d'entrée, on reconnaît encore la figure du Père Éternel, mais on ne peut plus distinguer les statues abritées par les arcades collatérales.

A quelle époque remonte la construction de l'église Saint-Sauveur ?

Les archives de la fabrique apprennent que les fondations en furent jetées en 1480, et qu'en 1509, l'évêque de Saint-Malo bénit les travaux et reçut, « pour ce, deux potz de vin de Gazcogne. » Mais sa construction n'a été achevée qu'au milieu du siècle dernier. Le mur méridional semble indiquer l'époque romano-ogivale. Le reste de l'intérieur appartient, croyons-nous, au quinzième siècle. Il faut sans doute attribuer la lenteur avec laquelle on a édifié ce temple aux guerres successives que Dinan eût à soutenir au moyen-âge et qui durent interrompre plus d'une fois les travaux. Ces assemblages de styles différents, ces disparates entre les diverses architectures, lui donnent un caractère singulier, qui ne lui ôte rien, d'ailleurs, de son aspect imposant.

Les quinze autels de cette église sont richement ornés : mais ce n'est pas là ce que cherche le touriste. Toute son attention sera pour le vieux bénitier qui servait autrefois de piscine baptismale et dont la coupe est supportée par des personnages qui semblent se raidir sous le fardeau, — pour le modeste monument de marbre qui renferme le cœur du connétable Du Guesclin, en mémoire duquel on célèbre encore chaque année un service funèbre. « Nous élisons, avait dit en mourant, devant Chateauneuf-Randon, Bertrand Du Guesclin, nous élisons la sépulture de notre corps être faite en l'église des Jacobins de Dinan, en la chapelle de nos prédécesseurs. » Son dernier vœu ne fut réalisé qu'à demi : Charles V voulut que son corps reposât dans les caveaux de Saint-Denis, et son cœur seul fut déposé dans l'enfeu de sa famille. Mais cette chapelle devint un jour un tribunal de sans-culottes et les restes du vaillant serviteur des rois n'auraient pas échappé, sans doute, à la stupide fureur des révolutionnaires, si l'urne qui les renfermait n'avait été furtivement enlevée par une main pieuse. ([1])

En faisant le tour de l'église, arrêtez-vous devant l'autel St-François, pour y voir un tableau, donné par saint Bonaventure au baron d'Avaugour, lors de la fondation des Cordeliers. Cette image vénérée, qui attira, pendant plusieurs siècles, les pélérins de tous les points de

(1) C'est le 9 juillet 1810 qu'eut lieu, avec une grande pompe, la translation du cœur de Du Guesclin dans la chapelle du Rosaire, à Saint-Sauveur.

Voici l'inscription gravée, en lettres d'or, sur la pierre tumulaire :

Cy : gist : le cueur : de missire : bertrand : du : gueaquī en : son : vivat : eouestable : de frāce : qui : trespassa : le : xiiie jour : de : juillet l'an : mil iiie iiii^{xx} dont : son : corps repos avecques : ceulx : des : Roys a sainct : denis : en : France :

Le tableau qui surmonte ce sarcophage assez mesquin représente la scène de Du Guesclin, au moment où le gouverneur de Châteauneuf-Randon dépose les clefs de la ville su le cercueil du connétable.

Le conseil de fabrique vient de décider qu'un monument plus digne de sa destination, sera prochainement érigé dans la chapelle Saint-Jean. pour recevoir le cœur de Du Guesclin: on ue peut qu'applaudir à cette pensée patriotique.

la Bretagne est, dit-on, l'œuvre d'un artiste italien du douzième siècle. Malheureusement on l'a rendu méconnaissable par une restauration maladroite qu'on lui fit subir il y a une trentaine d'années.

Après avoir visité l'intérieur de ce beau monument, il faut l'étudier à l'extérieur dans tous ses détails. Une tour, commencée en 1557 et terminée en 1612, la surmontait autrefois, mais son dôme, frappé par la foudre en 1749, fut remplacé, vers 1779, par la flèche actuelle, exécutée d'après le dessin de M. J. Broussais, architecte de la ville. La partie la plus curieuse est sans contredit le bas-côté midi du chœur, dont un architecte distingué, M. Béziers-Lafosse, fait ainsi la description :

« Les bas-côtés du chœur sont remarquables par une pure sévérité de lignes ; les deux chapelles absidales, vers midi, vu au fond du bas-côté, produisent un jeu d'arceaux d'un effet admirable. Les voûtes d'arêtes en granit sont ornées de nervures qui retombent en s'amoindrissant sur les piliers du chœur et les demipiliers des chapelles. Les chapelles latérales sont aussi voûtées en arêtes ; les absidales rayonnant au pourtour du chœur sont également voûtées, mais avec une complication, un agencement surprenant, dans lequel l'œil étonné se perd Le plan indique les différentes combinaisons de ces voûtes qui sont merveilleusement exécutées. En un mot, le chœur, ses collatéraux et ses chapelles sont un ensemble essentiellement harmonieux d'une belle et savante exécution : la vue de cette belle œuvre saisit l'âme et lui imprime un profond sentiment religieux. Il est inutile d'ajouter que tout ce qui constitue cet ensemble est en granit, ce qui ne laisse d'augmenter son mérite, et de lui donner un caractère tout à la fois grand et sévère. »

Depuis plusieurs années, l'église St-Sauveur, classée parmi les monuments historiques, a été l'objet de divers travaux d'embellissement, qui font également honneur au zèle et au goût du vénérable curé de cette paroisse, dont le nom est entouré d'une popularité bien méritée.

JARDIN DE LA DUCHESSE ANNE.

Derrière l'église vous entrez dans un charmant jardin anglais tracé sur l'emplacement de l'ancien cimetière, et auquel on a donné le nom de la bonne duchesse Anne de Bretagne. Cette promenade, qui est des plus pittoresques, a été plantée sous l'administration de M. Louis Bélètre-Viel : du haut de la tour, l'œil embrasse

un immense horizon, que borne au loin les cô-
teaux de Livet et le gros bourg de Pleudihen.

Au pied des murailles, c'est la délicieuse maison du Château-Gannes, qui s'élève, pimpante
et coquette, sur les ruines d'une vieille forteresse ; — plus loin, c'est le Prieuré. Voilà, devant vous, la blanche maison des Combournaises,
hardîment suspendue sur le bord d'un ravin.
Ce rideau de tilleuls, que vous apercevez sur
les hauteurs qui sont à votre gauche, n'est autre
que la promenade que vous devrez suivre pour
aller à la Fontaine-des-Eaux. — A droite, de
l'autre côté de la Rance, le bourg de Lanvallay,
avec son clocher si bizarrement couvert de ricar-
deaux. — Puis, à 150 mètres sous vos pieds, tout
le quartier du Pont, avec ses ateliers, ses magasins,
ses navires et son port, qui va bientôt s'aggrandir.
Enfin, là-bas, dans la direction de la rivière, dis-
tinguez-vous une flèche ardoisée qui semble ne
se montrer qu'à regret au-dessus d'un bouquet
d'arbres ? c'est le clocher de la petite église de
Taden, à l'ombre de laquelle reposent les vertueux châtelains de la Garaye.

Sans vous analyser les détails de ce ravissant
panorama, que le crayon le plus habile serait
impuissant à reproduire, laissez-moi vous rappeler brièvement dans quelles circonstances a

été construit le beau pont-viaduc qui relie si majestueusement les rives de la Rance.

VIADUC

OU

PONT DE NEMOURS.

Sa longueur est de 200 mètres entre les culées. Il repose sur dix arches de 16 mètres d'ouverture, séparées par des pieds droits de 4 mètres d'épaisseur. La voie charretière a 5 mètres : la largeur totale, c'est-à-dire en y comprenant les trottoirs, est de 7 mètres. Du parapet au chemin de halage, la hauteur est de 40 mètres : les fondations sont établies à 10 mètres au-dessous du sol.

Ce gigantesque travail, — auquel le duc de Nemours voulut bien permettre de donner son nom, (¹) — ne s'est pas fait en un jour. Proposé dès 1731, ce ne fut qu'en 1836 que,

(1) Lors du passage du duc de Nemours dans notre ville, le 26 août 1843, le maire, au nom du Conseil municipal, pria le prince de donner au pont qu'on projetait d'élever en cet endroit, le nom de *Pont de Nemours*, qu'on a,—paraît-il,—oublié.

Pourquoi donc ne pas lui conserver ce nom, qui rappelle, du reste, non seulement la visite d'un jeune prince, mais encore le gouvernement auquel notre pays est redevable d'une si grande amélioration ? Il faut être reconnaissant envers tous, — même envers les rois.

sur les instances de **M.** Beslay père, on prit en
sérieuse considération un projet d'une utilité
pourtant si incontestable. Mais, comme il arrive
souvent, cette affaire dormit encore dans les bu-
reaux pendant plusieurs années, qui furent utili-
sées à lever des plans et à publier des mémoires.
Enfin, grâce au zèle et à l'activité de **M.** Yves
Dutertre, alors député, la chambre nomma, vers
le commencement de mai 1845, une Commission
chargée d'examiner les plans de **M.** Méquin, et,
sur son rapport favorable, décida, dans sa séance
du 19 juillet suivant, qu'un crédit de 700,000
francs serait ouvert pour la construction sur la
Rance, non d'un pont suspendu, comme on l'avait
proposé d'abord, mais d'un pont en granit.

Commencé le 9 septembre 1846, ce pont a été
solennellement inauguré le 12 septembre 1852 (¹.
Il a été élevé d'après les plans de **M.** Méquin,
ingénieur du département et par **M.** Fessard, qui
en a dirigé l'exécution avec un rare habileté (²).

(1) L'administration donna, à cette occasion, trois jours de
fêtes, qui attirèrent dans nos murs une foule d'étrangers.

M⁹ʳ de Lesquen, ancien évêque de Beauvais et de Rennes,
entouré d'un nombreux clergé, présida la cérémonie religieuse.

M. le Préfet et **M.** le premier Président de la Cour de
Rennes y assistèrent.

(2) **M.** Fessard est actuellement ingénieur en chef de la ligne
du chemin de fer de Rennes à Brest : il reçut, peu de temps
après l'inauguration du Viaduc, la croix de la Légion-d'honneur.

Quoiqu'il en coûte de s'arracher à la vue de
ce beau « géant de granit, » comme l'a appelé
un poète, et de la vallée charmante au milieu
de laquelle il s'élève, — il faut pourtant nous
remettre en route et continuer à travers la ville
notre petite excursion.

HOSPICE.

Vous avez déjà remarqué, sans doute, tout
près du jardin de la Duchesse-Anne, une avenue de tilleuls dont les cimes s'arrondissent
gracieusement en berceau : c'est l'entrée de
l'hospice de Dinan, dont vous apercevez également la jolie chapelle.

Cet édifice fut construit vers l'an 1664, par
les religieuses de Sainte-Catherine, qui l'occupèrent jusqu'à la révolution, époque à laquelle
elles subirent le sort de toutes les communautés.
L'heureuse position de ces bâtiments, entourés
de vastes jardins et situés sur une hauteur qui
domine le cours de la Rance, y fit transporter,
en 1816, l'hôpital de la ville qui se trouvait
trop à l'étroit dans l'*Hôtellerie,* depuis l'incendie de 1814.

Cet établissement, qui contient plus de deux
cent vingt lits et reçoit, en outre des malades

et des orphelins des deux sexes, les enfants trouvés des arrondissements de Loudéac et de Dinan, est desservi, sous la surveillance d'un Conseil d'administration, par les dames religieuses de Saint-Thomas-de-Villeneuve, qui s'acquittent de leur mission avec un dévoûment que, seule, peut donner la charité chrétienne. (¹)

HORLOGE.

En traversant de nouveau la place Saint-Sauveur, vous avez devant vous la tour de l'horloge que surmonte une flèche hardiment élancée, et d'un assez bel effet. La grosse cloche ou beffroi qui sonne les heures et se fait entendre à deux lieues à la ronde est un don fait à la « bonne ville de Dinan, » par la duchesse Anne, qui l'a nommée, en 1507, avec le vicomte de Rohan,— ainsi que l'apprend l'inscription suivante, gravée sur le timbre de la cloche même, et accompagnée, à dextre, d'une croix et des armoiries de la reine, mi-parties de France et de Bretagne, et à senestre, de l'écusson du vicomte et des armes de le ville :

(1) La fondation de l'hospice date de 1685.

Indépendamment de cette maison, il existe un autre asile créé par les Petites-Sœurs des Pauvres, et qui est destiné à recevoir les vieillards pauvres et les infirmes.

4

Anne pour vray je fus nommée,
En l'an mil-cinq-cent-sept,
Des nobles de la ville nommée
Tierce de ce pays en effet,
Je fus en celui an fondue,
Au mois d'aoust par Philipe Bufet,
Et de bon métal bien rendue
Du pays de six mille et sept,

Le mouvement actuel a remplacé, en 1849, l'ancien et curieux mécanisme exécuté à Nantes en 1498 et qu'on a eu l'heureuse idée de déposer au musée de Dinan.

Tout près de la tour de l'horloge, on rencontre, sur la droite, une vieille maison que l'on désigne encore sous le nom d'*Ancien Gouvernement*, sans doute parce qu'elle a été pendant longtemps la demeure du dernier gouverneur de la ville. Un beau portail, orné de sculptures, s'élevait autrefois à l'entrée de la cour.

C'est dans ce bâtiment que, vers la fin de 1830, la municipalité dinannaise établit le collége communal, réorganisé par M. de Saint-Pern-Couëllan.

JACOBINS. — THÉATRE.

Presqu'en face de l'hôtel de l'ancien gouvernement, à l'encoignure des rues de la Halle et de l'Horloge, — l'attention du touriste est attirée par un simulacre de temple ionien qui n'est en réalité qu'une fort mauvaise salle de spectacle.

A cet endroit, si malheureusement occupé par cet édifice informe, s'élevait jadis le fameux couvent des frères prêcheurs de St-Dominique, autrement dits Jacobins, fondé en 1224 par le sieur Allain de Lanvallay, dans des circonstances analogues à celles qui, trente-cinq ans plus tard, amenèrent la création des *Cordeliers*.

Allain de Lanvallay, faisant la guerre aux Albigeois, fut surpris par l'ennemi et fait prisonnier : il s'empressa d'appeler à son aide la sainte Vierge, « laquelle, dit la chronique, comme très-douce dame, lui donna suffisant secours, en combattant pour luy, qui, par ce moyen, se vist, avec tous ses soldats, délivré. »

Pour consacrer le souvenir de ce miracle et témoigner à Dieu sa reconnaissance, Allain vint établir à Dinan ce couvent où lui-même se fit religieux et qui « a toujours nourry, produit « et fourny des hommes excellents et renom- « més, tant pour l'intégrité de leur vie que « pour leur sçavoir et doctrine. »

L'église des Jacobins, bâtie en 1273, aliénée par l'État en 1737, et démolie en 1851, renfermait plusieurs enfeux, parmi lesquels celui de

Du Guesclin. Lors de la révolution, M. Néel de la Vigne, craignant une profanation, fit lever le couvercle du tombeau et conserva pieusement, dans son hôtel, l'urne qui contenait le cœur du connétable, jusqu'en 1810, époque à laquelle on le transporta solennellement dans une chapelle latérale de l'église Saint-Sauveur.

Comme nous l'avons déjà dit, on a construit sur les fondations de cette chapelle renommée, un édifice dont on prétend faire, entre autres choses, une salle de spectacle. Voilà, sauf erreur, un peu moins d'onze ans qu'il est en chantier et nous en avons déjà les quatre murs et le toit : il faut bien le temps à tout. (¹)

COLLÉGE COMMUNAL.

Le collége communal occupe, dans la rue de Léhon, les bâtiments appartenant autrefois à la communauté de la *Victoire.*

Fondé vers 1628 par des bénédictins, le monastère de la Victoire fut supprimé en 1746 par l'évêque de Saint-Malo, à la suite d'un terrible incendie qui avait détruit une partie des bâtiments et dans lequel plusieurs religieuses avaient

(1) La vieille chapelle que vous remarquez, tout près du portail de cet édifice, est du XVIe siècle, et fut fondée par le sire de Coëtquen, sous le vocable de sainte Marguerite.

trouvé la mort. C'est alors que Mᵍʳ des Laurents réalisa le projet de l'académicien Duclos : les lettres-patentes qui l'autorisèrent à créer à Dinan un collége diocésain sont datées de 1776. En 1791, l'administration du nouvel établissement fut retirée à l'autorité diocésaine et confié à des professeurs laïques : enfin un décret impérial du 14 vendémiaire, an XIII, changea en collége communal cette excellente institution, qui eût pour élève le futur auteur du *Génie du Christianisme* et l'illustre médecin Broussais. (¹)

Le collége communal ayant été dissous en 1815, le maire de Dinan concéda la jouissance temporaire de ces logements aux Ursulines, qui s'engagèrent à donner l'instruction gratuite aux enfants pauvres de la ville. Mais après la révolution de 1830, M. de Saint-Pern Couëllan voulut s'en ressaisir pour y rétablir le collége qu'il venait de réorganiser. Ce ne fut qu'en 1840, après un long et déplorable procès qui souleva chez nous bien des passions, que, par suite d'un arrangement intervenu entre la Victoire et la commune, les Ursulines évacuèrent cet établissement que l'Université vient de céder définitivement à la ville, à la

(1) Ne serait-il pas à désirer que l'on consacrât, ne fût-ce que par une simple inscription, le souvenir du passage de Châteaubriand et de Broussais dans cette maison ?

condition qu'il soit consacré à perpétuité à une maison d'instruction secondaire. ([1])

CHATEAU DE LA DUCHESSE ANNE.

PRISON.

A quelques pas du collége, s'ouvre, à gauche, la ruelle du Guichet, au fond de laquelle on aperçoit, derrière un rideau de jeunes arbres, le château de la duchesse Anne, fondé vers la fin du XIVe siècle, par Jean IV, duc de Bretagne. ([2])

Ce monument, le plus remarquable, à notre avis, et incontestablement le mieux conservé de Dinan, s'élève, au sud de la ville, en dehors des remparts avec lesquels il communique par un pont de pierres construit sur l'emplacement de l'ancien pont-levis : l'intérieur est divisé en vingt et une pièces, de grandeur et de formes différentes, par des murs d'une prodigieuse épaisseur et se reliant par d'étroits corridors. Nous ne nous arrêterons pas d'ailleurs à vous en faire la description, puisque tout le monde

(1) Le collége communal de Dinan, qui prend chaque jour plus d'importance, est devenu, par les succès qu'il obtient chaque année dans les divers concours, un des meilleurs centres d'instruction du pays.

(2) Un de nos compatriotes, M. Mahéo, a publié une petite brochure qui permet aux touristes de visiter avec plus de fruit et d'intérêt le château de Dinan.

peut la visiter dans tous ses détails : il serait
trop long aussi de dérouler devant vous les
pages intimes de son histoire. Après avoir par-
couru ses salles spacieuses, ses souterrains et
son ancienne chapelle, où l'on montre encore le
« fauteuil de la bonne duchesse, » montez sur
la plate-forme du donjon : de là, vous aurez
devant vous un magnifique panorama, qui embrasse tout le riche et accidenté bassin de la
Rance et jusqu'aux grèves du Mont Saint-Michel
et de Moidrey.

Cette antique résidence des ducs de Bretagne
et d'une reine de France a été transformée en
prison. Dès 1777, lors de la guerre d'Amérique,
2,000 prisonniers anglais y furent internés :
plus tard, en 1791, on y renferma les prêtres
non assermentés : enfin, quelques années après,
ses portes s'ouvrirent pour recevoir un nouveau
dépôt de prisonniers anglais. Ce n'est qu'en 1282
qu'on y a transporté la maison d'arrêt qui occupait, depuis la révolution, les deux tours de
l'Hôtellerie.

La tour énorme qui s'avance à l'autre extrémité du parc aux Anglais, entre la porte Saint-
Louis et le Château, est la tour de *Coëtquen*,
mieux connue sous le nom de la *Poudrière*.

PLACE DU GUESCLIN. — CHAMP.

C'est, comme vous le voyez, un vaste parrallélogramme, divisé en deux parties : — l'une, ouverte et simplement entourée de chaines, est le champ de foire ; — l'autre, plantée de tilleuls et bordée de parapets, porte le nom de Du Guesclin, en souvenir du fameux combat que le connétable y livra, pour venger son frère, à Thomas de Cantorbéry.

Ce fut en 1359 qu'eût lieu ce fameux duel, dont le souvenir est resté populaire dans notre pays; sur la foi d'une trève signée par le duc de Lancastre et du jeune comte de Montfort, Ollivier, frère de Bertrand Du Guesclin, se promenait en dehors des remparts, quand il fut abordé par un chevalier anglais, Thomas de Kantorbie, qui le fit prisonnier et l'emmena dans sa tente.

A cette nouvelle, Bertrand jura de délivrer son frère et de châtier la félonie de l'officier qui avait ainsi violé les traités : il se dirigea vers le camp, situé sur les hauteurs du Saint-Esprit. Mais nous laissons ici la parole à un chroniqueur contemporain qui raconte, d'une façon assez dramatique et dans un style dont la naïveté n'est pas sans charmes, cet épisode de la vie du connétable :

« .... Adonc (Bertrand) monta sur son cheual, passa la porte et s'en vint à force d'esperon iusques aux tantes. Il est entré en l'ost, et chacun, qui le cognut, le festoya moult. Et demanda la tante au Duc, et lui enseigna. Adonc est venu deuant le Duc qui iouoit aux eschez à Iehan de Chandoz. Si y fu le Conte de Montfort, Robert Canole, le Conte de Pennebroc et plusieurs autres Cheualiers et Seigneurs, lesquelz Bertran salua moult honnourablement. Et s'agenoilla deuant le Duc. Et le Duc lui dist, que bien fust-il venu. Et tantost laissa le ieu, et le prist par la main, et le releua. Et Iehan de Chandoz lui dist doubcement : « Bertran, bien soyez venu, vous buuerez de mon vin, ainçois que vous retournez. » Et Bertran lui respondi, que ia n'en buuerait iucques à tant que on lui eust fait droit. Et Chandos lui dist, que s'il y auoit chenalier en l'ost, qui tort lui eust fait qu'il leur fist apparoir, et tantost lui feroit amender. Et Bertrand respondi..... « Oyl, vous auez un Cheualier que ie n'aime point, que l'en appelle Thomas de Cantorbie. Car sans raison il m'a courroucié. Vous sauez, que de vostre acort et du nostre, nous auons trèues iusques à certain iour. C'est voir, dist Cheualier. Aussi les tendrons nous, ne vous en doubtez

pas. Seigneurs, ce dy Bertran, vous dites moult
bien. Mais le cheualier, dont i'ai parlé deuant,
a trouué un mien frere, qui n'est encore que
enfant, lequel estoit yssus de Dinant aux champs
pour soy aller esbatre. Si l'a pris, et mis en sa
prison, ainsi comme vn méchant. Si vous re-
quier, Messieurs, pour loyauté, que vous me
fassiez deliurer mon frère Oliuier. Car, beaus
Seigneurs, ie feroye pour vous plus que tant.
Dont lui dist Iehan de Chandoz, que plus n'en
parlast, et incontinent lui seroit déliuré, et amen-
dé à sa voulenté. » Et Bertraud leur dist, que
grans merciz. Dont firent apporter le vin, et
burent. Et à Bertran firent donner à boire. Puis
manderent le Cheualier, qui Oliuier tenoit : lequel y vint, et ne l'osa refuser. Et le Duc lui
dist : « Vecy Bertrand, qui vous vueil accuser,
que vous auez emprisonné son frere germain
auiourdhui, et comme vostre prisonnier le voulez raençonner. Ce n'est mie bien fait. Car s'il
le puet prouuer, vous le deliurerez, et si l'a-
menderez. Et le cheualier qui fu fel et orgueil-
leux, dist au noble Duc, quand il oy ainsi
parler : Sire, vecy Bertran. Mais s'il vueil sur
moy adeuiner, et que i'aye fait chose qui a
blasmer fasse, et que bon Cheualier ne puisse
faire de droit, vecy mon gage près de le com-

batre ou champ de bataille, corps à corps, per
à per » Et quant Bertran oy ce dire, sans vn
seul mot sonner, il ala bapper le gaige, et puis
le prist par la main, en disant : « Faulx Cheualier, traictre, et tel vous prouueray-ie, deuant
tous les Seigneurs, ou ie mourray à honte. Et
dist le Cheualier : ie ne vous en fauldray ia,
ne iamaiz ne dormiray en lit, iucques à tant
que combatu vous aye » Et Bertran respondy,
que iamais ne mengerait que trois soppes en
vin ou nom de la Trinité, iucques à tant que
le gaige fust fait. Et lors Iehan de Chandoz lui
dist, que voulentiers le feroit armer, et lui pre-
steroit le meilleur cheual qu'il eust. Car voulentiers veist le champ d'eulx deux. Ceste nou-
uelle fu en la cité sceuë. Et quand le Capitaine,
Cheualiers, et autres gens d'armes le sceurent,
les bourgeois aussi moult en furent troublez et
courrouciez........ ......*Adonc dist le Duc, que par
Dieu il seroit fait ou marchié de Dinant.* Car se
aucuns de ses hommes vouloient greuer Bertran,
aucuns pourroient dire pour lui deshonnorer,
qu'il en serait consentant, pour braser trayson.
Et c'est vne renommée, que tout preudomme
doit doubter. De ce furent d'acort touz les Barons Engloiz, et manderent à ceulx de Dinant,
que ostages souffesans leurs enuoyassent; et ilz

entreroient dedens Dinant pourveoir le champ
acheuer. Lesquelz leur enuoierent bons ostages,
Et adonc le duc de Lenclastre entra en ladite
cité, auec lui vingtiesme, sans plus. Mais que
il mena auecques lui Bertran, et le Cheualier
Engloiz. Lequel Duc et les dessusdiz furent
bien festoyez et moult honnourablement receuz.
Et s'arresterent ou marchié de Dinant. Et adonc
les Engloiz se rengierent moult gentement. Lors
y ont vn parlement pour faire la paix, et le
cham delaissier. Mais Bertran en iura Dieu, que
iamaiz en son viuant n'en feroit paix, si seroit
li vns d'eulx recreant. Adonc dist le Duc de
Lenclastre, que plus on n'en parlast, mais tous
priassent pour le droit. Dont se fist Bertran armer moult noblement de bonnes plates et greues,
et ot l'espée et le coustel et lance pour iouster,
et riche bacinet et gans à broiches de fer, qui
bien faisoient à doubter. Puis lui fist-on son
cheual amener en la place, sur lequel il monta
et s'aficha aux estriefs. Puis prist le glaine en
sa main, et moult se fit regarder. Car il estoit
moult bien appareillié pour acheuer son champ.
Pour lequel veoir, tous les Barons d'vn costé
et d'antre se mistrent lors en ordonnance. Et
le Tort boiteux fist moult bien garder ledit champ,
et crier que aucun ne se meslast de l'vn ne de

l'autre aidier, ne greuer ; ne qui à l'Engloiz
meffist pour son pris aualer, en poyne de perdre
la teste. Dont n'y ot si hardi, qui s'en osast
s'en mesler. Mais le Cheualier Engloiz alors se
doubta moult, et espouenta en son cuer. Car au
besoing cuider trouuer de ses amis. Et bien se
voulzist acorder à Bertran, et lui rendre son
frere Oliuier. Lors lui en fist parler, sans ce
que l'en monstrast, que ilz venissent en son nom,
par Robert Canole et Thomas de Grançon, lesquelz s'en vindrent à Bertran, et lui dist ledit
Robert moult doubcement : « Sire Bertran, les
gens de nostre costé, tant Cheualiers, comme
Barons, ont regardé au fait. Si ne voudrions pas,
que mal vous venist de par nous en aucune
maniere. Et combien que vous soiez en vostre
possession, et entre vos amis. Ou se vous estiez
vaincu de nostre champion, on pourroit dire en
tous païs estrangers, que le champ ne seroit pas
fait par iuste partie. Car vous estes trop ieune
pour championner, et mieulx vauldroit bonne
paix, que mauuaise tençon. Et se vous nous
voulez croysre, nous apaiserons cestes discension,
et ferons quitter la rençon de vostre frère. Comment ce dist Bertran, il ne doit riens. Et il m'est
auis que c'est conscience, et bien raison, que
se vns est à tort en prison mis, qu'il endoibt

estre purement deliuré. Et d'autre part, vecy le
noble Duc de Lenclastre, et Iehan de Chandoz,
où tant à honnour, et Conte de Pennebroc, et
les autres Barons, tant de vostre costé comme
du nostre, qui ne lairront auoir à mon aduer-
saire ne à moy nulle villenie. Mais qui nous
lairra faire le champ, que empris auons, ie iure
à Dieu tout puissant, que le faux Cheualier, qui
m'a fait villenie, n'eschappera iamais iucques à
tant que son tort lui aye montré, ou ie le des-
truyeray, ou ie rendray la vie, ce voyant la Ba-
ronnie, s'il ne me rent s'espée tenant la poiute
en sa main, en disent, qu'il ee rent à mon commandement. » Lors dist Robert Canole, que ce
ne seroit-il pas. Dont dist Bertran, qu'il feroit
grant folie. Car on doibt plus doubter la mort,
que villenie. Quant les Engloiz oirent sa res-
ponce, moult en furent courrouciez. Et bien di-
soient li un à l'autre, que c'estoit un droit Ro-
lant. Dont s'en alerent à l'autre Cheualier champion ne scay quans Cheualiers Engloiz, qui lui
dirent, qu'il pensast de sauuer sa vie : et que
en Bertran ne pourroient trouuer acort, respit,
ne plaisant parole, mais eonuient que le champ
soit parfait. Lors dist le Cheualier : « Or m'en
vueille Dieu aidier. Ie ne vy oncques mais homme
si en grant de faire bataille. Mais se ie puis,

il s'en repentira. Maiz toutefoiz ie vous prie,
que sevous veez, que i'en soie au deseure, que
vous ne le contrediez, parquoy ie ne le puisse
tuer. Car mon cuer le désire. Et se ie en suys
au pys, si me vueillez secourre, et sauoir à lui,
se il se vouldroit accorder à la paix faire. Et ilz ont
respondu : Ne vous en doubtez. Mais se le champ
fust fait là hors, nous vous puissions mieulx
aidier, se il en fust besoing, » Après ce parlement, chacun se departi, et ala en sa place. Et
les deux champions s'entreregarderent, et vindrent l'vn contre l'autre les glayues en leurs
poins, comme fiers ennemiz. Puis vindrent courre
leurs cheuaulx, et eulx entreferir sur les escuz,
tant que iceulx glaiues rompirent, et les fers en
volerent. Mais l'vn ne l'autre ne chey ne tres-
bucha. Puis tray à son retour chacun son espée,
et se sont rassemblé et entreferi de taille et
d'estoq moult fierement. Et tant de gens y auoit
entour eulx pour les regarder, que tous estoient
enclos deuant et derrière. Maiz ilz auaient place
assez, qui par auant leur auoit esté ordonnée.
Adonc s'en vint Bertran escoquier l'Engloiz de
son espoy ou haubert moult fort en boutant, et
puis ou bacinet ; et l'Engloiz aussi lui. Puis s'en-
tracolerent par le haterel à tout leurs broïches
de fer. Et fust-on bien allé vne lieue de terre,

ainçois que de leur corps yssy point de sanc ;
et fort s'esperounoient aux espées. Tant que l'Engloiz, qui moult fort estoit en boutant, laissa
cheoir son espée. Et quant Bertran le vit, qui
moult ioyeulx en fu, il poigny son cheual, et
fist semblant qu'il voulzist fouyr. Mais tantost
qu'il fu vn poy eslongné, il mist pié à terre,
vint à l'espoy, et le releua. Puis le getta en l'air
hors du champ, sur la tourbe des gens. Dont
le Cheualier fu dolens et irié. Mais fort se def-
fendi de son coustel de plates. Mais Bertran lui
escria : « Faulx traictre, defendez votre cheual,
ou tout en l'eure sera vendu et tué : et puis vous
occiray. Car telle est ma voulenté. » Mais l'Engloiz
le fuyoit, et aloit autour du champ, sans arres-
ter. Et Bertran ne pouuoit courir, pour ce qu'il
auoit les genoulx armez. Adonc s'assist à terre,
et desattacha et désarma la iambe, pour auoir
le genoyl à deliure, et estre plus legier. Et l'Engloiz cheuaucha deuers lui, apresté de combatre.
Et se il peust, il eust fait passer son cheual
par dessus lui. Mais Bertran fery le choual de
son espoy parmi les costes. Et quant ledit cheual
se sentit feru, il regimba si fort, et tellement se
demena, que le Cheualier, qui sus estoit, tres-
bucha à terre. Et atant Bertran sailly sur lui,
et lui desboucla le bacinet. Puis lui donna de

son espoy sur le nez : et apres des broches du
gantelet, tant que le sanc lui couroit sur le haterel. Et tant fu auuglez de sanc, que ainsi lui
silloit, qu'il ne sot où il fu, ne point ne veoit
Bertran , mais bien le sentoit. Dont se leua en
estant. Et lors vindrent dix Cheualiers Engloiz,
qui dirent à Bertran, qu'il ne se meust, et que
assez en auoit fait. Et il leur respondi, que pour
eulx il n'en feroit riens ; se son Capitaine nommé Tort boiteux ne lui prioit, ou commandoit,
qu'il se cessast : mais occiroit l'Engloiz fust bon
gré, ou malgré. Atant vint le Tort boiteux, qui
entra ou cham, et dist à Bertran, quil en avoit
fait assez : et que se iamais paix ou acort n'en
cstoit fait, que ce seroit à son honneur : « Voire
par Dieu, dist le Duc de Lanclastre, ce sera grant
dommage , se Bertran meurt ainçois qu'il soit
Roy d'aucune royauté. Car oncques Alexandre,
qui tant fu renommé, ne fu aussi hardi. Haa !
Seigneurs, dist Bertran, ne me raualez point pour
Dieu, mais laissiez moy partuer ce traictre par-
iure. Car se sera grant perte, se vous m'en des-
tournez. » Adonc entrerent ou champ Engloiz,
et ceulx de Dinant, qui se mirent entredeux pour
faire laissier le champ. Mais Bertran leur dist :
« Seigneurs, laissiez moy ma bataille acheuer. Car
par la foy que ie doy à Dieu, ou il se rendra à moy

comme mon prisonnier, ainsi comme il a fait faire
mon frere, ou ie le tueray tout mort. Dont dist
Canole: Bertran, ie vous réquier que vous baillez
vostre champion au Duc. Car vous en auez assez
fait et est en vostre dangier. Et vecy le Tort
boiteux, votre Capitaine, à qui tous ceulx de
Dinant doiuent par droit obeir ; qui vous vient
prier comme vous vous en vueillez déporter. Dont
dist Bertran Quant ie l'orray parler, ie lui res-
pondray du faire, ou du laissier. Adonc, dist le
Tort boiteux. Ie vous prie et requiert, que au
gré de Robert Canole vous vueillez faire paix,
et nous garderons vostre droit. Adonc dist Bertran : Ie l'octroy à vostre désir. » Dont fist-on
l'Engloiz moult bien appareillier. Et de Bertran
furent moult ioyeulx dedens Dinant, et firent faire
le soupper pour lui festoyer. La vint son ante, qui
l'acola, et lui dist, que moult l'auoit Dieux chier.

Adonc s'en ala Bertran ou Palais, et en la
presence des Cheualiers, Escuyers, et bourgeoiz.
Et s'agenoilla deuant le Duc, et lui dist : « Sire
ne vous vueillez pas merryr, se i'ai fait mon de-
uoir contre vostre Cheualier. Car il m'auoit fait
desraison. Et se pour l'onneur de votre hault nom
ne fust, iamais à sa sauveté ne me fust eschap-
pez, que ie ne l'eusse occis. Bertran, ce dist le
Duc, à ce que on puet veoir, aussi grant hon-

neur y auez vous euë, comme se vous l'eussiez
occis. Car il auoit grandement mespris. Si r'aurez
vostre frere Oliuier. Et pour ce qu'il vouloit
auoir mil flourins de rençon, il paiera à vostre
frere mil liures, que ie lui donne en pur don ;
pour ce que par trayson lui vouloit faire ennuy.
Et aussi ie vous donne son cheual, et toutes
ses armeures, ne iamaiz en ma court ne mettra
le pié. Car ie n'ai cure de gens qui fassent trayson, ne point ne l'auons accoustumé eñ notre
païs. Mais le iardin est bel et noble, et ourtye
ne puet venir en sa saison. » Ainsi iugea le Duc
de Lanclastre. Puis fist deliurer, et mener deuant lui Oliuier Du Guesclin, et lui fist amender le tort fait plainement, ainsi comme iugié
et ordonné l'auoit. Dont s'en rentra en son tref,
et sa gent auecques lui ; et renuoya à Dinant ses ostages, ainsi comme il auoit promis. Et Bertran fu
moult festoyez au soupper. Et là fu le Capitaine,
qui moult noblement l'auoit fait aprester : et les
bourgeois et bourgeoises de la ville aussi. Et
apres sopper, chanterent, et danserent moult noblement, et grand fu l'esbattement...... »

La statue du connétable fut inaugurée sous
l'administration de M. de Saint-Pern Couëllan, en
1823. Lors de la guerre d'Orient, M. Louis
Belêtre-Viel, maire de Dinan, demanda au gou-

vernement quelques canons pris sur les russes à Sébastopol, afin d'ériger à Bertrand un monunument plus digne de lui. Malheureusement le ministre ne put se rendre à ce désir. D'ailleurs, si modeste qu'elle soit et quel que soit son peu de valeur artistique, cette blanche statue produit un excellent effet, quand on la voit de loin se détacher sur le rideau d'arbres qui encadre la place : ne trouve-t-on pas toujours beau ce qui rappelle un souvenir patriotique ?

> Quand le soleil, brillant dans un ciel sans nuages,
> D'un torrent de lumière inonde ces rivages.
> Ah ! qu'il est doux d'errer sous ces tilleuls si frais.
> Où du grand Du Guesclin la figure guerrière
> Semble nous dire encor : ici, dans la poussière,
> Mon pied vainqueur foula l'Anglais....

Un autre souvenir se rattache encore à ces lieux : c'est sur cette place qu'en l'an 1418, saint Vincent-Ferrier évangélisa la population dinannaise.

PALAIS-DE-JUSTICE. — SAINTE-CLAIRE.

Cet édifice d'ordre architectonique que vous apercevez à gauche de la place Du Guesclin est le Palais-de-Justice, commencé en 1831 : D'un style grave, très-simple, il repond suffisamment à sa destination. La salle d'audience surtout est spacieuse, bien éclairée et décorée convenablement : on sait qu'avant 1837, le tribunal occupait l'ancienne chapelle de St-Léonard.

A cette même place existait, au XVe siècle, une chapelle consacrée à sainte Catherine, et fondée, en 1342, par Charles de Blois. Dans quel but avait-elle été érigée ? On l'ignore : peu de temps après, les ducs de Bretagne y établirent leur moneyerie de Dinan. Vers 1480, un moine nantais désirant rendre au culte cette chapelle vénérée, sollicita et obtint de François II l'autorisation d'y créer une abbaye de l'ordre de sainte Claire. Grâce à la générosité du duc et aux aumônes des habitants de Dinan, les religieuses purent, le 13 novembre 1488, prendre solennellement possession de leur communauté. où elles restèrent jusqu'au 17 août 1792, c'est-à-dire pendant plus de trois cents ans. Lors de la suppression de ce riche couvent, l'église, qui possédait de magnifiques vitraux, des tableaux de maîtres et de belles statues, dons de la duchesse Anne, l'église fut saccagée ; la bibliothèque fut dispersée et tous les objets précieux ainsi que les vases sacrés furent expédiés à Paris ou vendus à l'encan.

Maintenant qu'il ne vous reste plus rien à visiter dans l'intérieur de la ville, nous allons, si vous le voulez, gagner les Petits-Fossés, par le

Champ, la Ferronnerie et le Trou-au-Chat. Jetez un regard, en traversant la rue de la Ferronnerie, sur une modeste maison portant le n° 9 : c'est là que naquit l'académicien Duclos. Il faut espérer qu'un jour la ville sera assez riche pour indiquer, par une plaque de marbre, revètue d'une simple inscription, le lieu qui vit naître un de ses plus illustres enfants.

DUCLOS.

Le 12 février 1704, naquit, dans cette humble maison de la rue de la Ferronnerie, un enfant qui reçut le nom de Charles DUCLOS-PINOT, et qui devait, plus tard, prendre place dans cette pléïade d'écrivains qui ont illustré le XVII° siècle. Son père était un commerçant fort estimé, et possédait une certaine fortune, honorablement acquise dans les affaires : mais Charles le perdit, à l'âge de 2 ans, de sorte qu'il n'eût plus, pour diriger son instruction, que sa mère, femme intelligente et vertueuse, qui, souvent forcée de s'absenter pour les besoins de son commerce, ne pouvait surveiller qu'imparfaitement son fils, d'un naturel difficile à contenir. On ne sait sur son enfance que ce qu'il nous en apprend lui-même dans l'autobiographie qu'il nous a laissée. Il paraît qu'effrayée de la paresse et des allures trop dégagées du jeune Charles, sa mère l'envoya chez sa sœur, à Rennes, et de là à Paris, pour y achever ses études, — au grand scandale de la noblesse du canton, qui trouvait presqu'insolent qu'un chapellier osât donner à son fils une éducation qui ne convenait qu'aux gentilshommes. Duclos sut en profiter, et, pendant les cinq années qu'il passa au fameux collége d'Harcourt, il partagea les prix avec le marquis de Beauvau, qui, lui aussi, sut plus tard rendre son nom célèbre.

Sorti de la pension du marquis de Danjau, Duclos ne put résister aux excès du temps, et mena une vie fort éloignée des principes qu'il avait reçus ; sa mère le rappela immédiatement à Dinan, d'où il obtint, après quelques mois, de retourner à Paris avec une modique pension, pour y prendre ses Incriptions à l'École de Droit. Mais la procédure lui plaisait fort peu et le jeune homme oubliait souvent le chemin des Cours pour aller au café Procope, où se réunissaient, chaque jour, plusieurs hommes distingués de l'époque. Au bout de quelques années, passées ainsi dans le plaisir et l'inaction, Duclos, mûri par l'âge, se lia avec quelques savants et fut même admis dans des réunions littéraires, où il fit connaissance de Crébillon fils, de Voisenon, Caylus, Maurepas, etc.

Quelques temps encore, et il passera pour le

plus bel esprit de son siècle. C'est cette reputa-
tion qui lui valut l'honneur insigne d'être admis à l'Académie des Inscriptions et Belles-Lettres
en 1738, c'est-à-dire à l'âge de 34 ans et avant
d'avoir rien publié. En 1741, il fit imprimer
son premier ouvrage, intitulé *La baronne de Luz*,
suivi bientôt des *Confessions du Comte de* ***, et
de *Acajou,* — livres charmants, où l'on sent à
chaque page un esprit fin et observateur, et dans
lesquels on trouve, en style vif et piquant, de
curieuses peintures de mœurs de cette époque
galante. Dans la même année, le roi le chargea
d'écrire l'histoire du règne de Louis XI, et cette
cœuvre, trop louée par les amis de l'auteur, et
trop sévèrement jugée par les autres, mais à laquelle on ne saurait refuser le mérite de l'im-
partialité et des recherches, le fit appeler plus
tard au poste d'historiographe de France, en
remplacement de Voltaire, qui venait de se re-
tirer à la cour du roi de Prusse.

Cette nomination porte la date de 1750 ; en
1747, l'Académie française avait admis Duclos au
nombre de ses membres, à la mort de l'abbé
Montgaud ; elle le prit pour sécrétaire perpétuel,
après la démission de M. Mirabaud.— Mais, trois
ans auparavant, il avait reçu une distinction
qui, quoique bien modeste, le toucha profondé-

ment, parcequ'elle lui était décernée par ses concitoyens ; les habitants de Dinan, justement fiers de ses succès, le nommèrent, en 1744, maire de sa ville natale et presque en même temps député aux États de Bretagne.

Mais ses fréquents voyages en Bretagne lui occasionnèrent des désagréments de la part de quelques jaloux qui profitèrent de ses absences répétées pour le représenter au roi comme un homme hostile, et, pour éviter une disgràce qui semblait imminente, il partit le 16 mars 1766, pour l'Italie, d'où il ne revint que le 17 juin 1767, avec un ouvrage (*Considérations sur les mœurs de l'Italie*) qui n'a été imprimé que sur la fin du siècle dernier, avec les *Mémoires secrets sur le règne de Louis XI, la Régence et le règne de Louis XV.* « Cet écrit, dit Chamfort, ne peut qu'honorer la mémoire et le talent de Duclos ; ou y retrouve son esprit d'observation, sa philosophie libre et mesurée, sa manière de peindre par des faits, des anecdotes, des rapprochements heureux... » Fontenelle, Voltaire et la Harpe en portèrent le même jugement.

Revenu d'Italie, sa première pensée fut d'aller embrasser sa vieille mère et visiter sa ville natale, pour laquelle il garda toujours un vif at-

5

tachement. Mais au milieu des préparatifs de son
départ, il reçut une nouvelle qui l'affligea profondément : Sa mère venait de mourir ! Le coup
fut mortel : à partir de ce moment, son caractère s'assombrit, il devint triste et pressentit qu'il
ne survivrait pas longtemps à celle qu'il avait
perdue. Malgré les sollicitations de ses amis, qui
voulaient le retenir au milieu d'eux, il voulut
quitter Paris, « pour retourner, disait-il, vivre
dans le pays de sa naissance » : il est si doux
d'avoir sa tombe près de son berceau, et près
des tombes de ceux qu'on a beaucoup aimés !
Duclos arriva donc à Dinan, où il travailla à écrire
ses Mémoires : mais appelé dans la capitale pour
des affaires importantes, il y tomba malade et
y mourut, à l'âge de 68 ans, le 20 mars 1772.
— Sa mort eût un grand retentissement par toute
la France, et fut, dans le pays de Dinan, la
cause d'une consternation générale.

Telle fut, à peu près la vie de Duclos ; son
esprit brillant, sa franchise bretonne, ses excel-
lentes qualités comme ses nombreux travaux lui
ont valu des amitiés illustres. « C'était un homme
droit et adroit » disait Jean-Jacques Rousseau,
qui l'honorait d'une estime toute particulière,
« C'est un honnête homme ! » s'écriait Louis XV,
en lisant un de ses ouvrages. Enfin le prêtre qui

Jamet del.

Lith. Oberthur, Rennes

FONTAINE DES EAUX MINÉRALES,
près Dinan

reçut son dernier soupir écrivait à M. Abeille :
« Je n'ai pas connu d'homme plus franc, plus
exempt d'affectation et de rancune. »

Le buste de Duclos s'élève, entouré de tilleuls, sur la rotonde de cette charmante promenade des *Petits-Fossés*, qu'il a fait niveler
et planter lui-même en 1745. Ce monument, qui
rappelle certain vers d'Alfred de Musset, a été
inauguré en 1838 : le buste, perché sur cette
frêle colonne comme un point sur un *i*, est l'œuvre
d'un artiste de mérite, Duseigneur, et fut donné
par le Ministre de l'intérieur, sur la demande de
M. de Saint-Pern, député de l'arrondissement.

FONTAINE-DES-EAUX.

Pour nous rendre à la Fontaine-des-Eaux, que
tout étranger doit visiter, suivons la promenade
qui longe les remparts dans la partie nord-ouest :
voici, d'abord, à gauche, la Vieille-Boucherie,
où l'on bâtit, au XVe siècle, une chapelle en
l'honneur de saint Julien, qui fut démolie par le
duc de Mercœur au temps de la Ligue ; — vous
laissez, sur la droite, la tour de *Saint-Julien*,
et, plus loin, c'est-à-dire à l'autre extrémité du
Pall-Mall, celle de *Lesquen*. L'édifice moderne
compris entre les rues Neuve et de St-Charles,

a été construit, en 1852, sur l'emplacement des fortifications, pour recevoir l'Asile de l'enfance, fondé, dix ans auparavant, par MM. Le Conte et Michel, et qui occupait les bâtiments de l'ancien hôpital des incurables. La tenue de cet établissement philantropique est irréprochable et fait honneur à l'habileté non moins qu'au dévouement des Sœurs de la Sagesse.

La promenade aboutit au faubourg St-Malo, que nous allons traverser, en passant près du *Prieuré* et des ruines de l'ancienne chapelle édifiée sur l'emplacement de l'église paroissiale. Le premier chemin que vous trouvez vous conduit à une fort belle avenue de tilleuls, ouverte, en 1823, au milieu d'une riche campagne. Arrivé sur le versant méridional du coteau, vous descendez par un sentier bordé de charmilles qui se perdait, naguères encore, sous un berceau de mélèzes et d'acacias. Voici, devant vous, la salle de bal, adossée modestement au pied de la montagne sur laquelle est perchée, comme un nid, dans un bouquet de sapins, la coquette maison de *Saint-Valay* (¹).

(1) M. Belètre-Viel, ancien maire de Dinan, vient de faire construire, à ses frais, le petit monument auquel on puise l'eau minérale et qui a remplacé avantageusement l'ancienne fontaine: C'est à la générosité de M. Flaud, maire actuel, que l'on doit le percement du chemin de la Conninais à Beaudouin, inauguré le 17 avril 1862.

« J'ai sans doute vu des pays d'un aspect plus grandiose, disait le maréchal Soult en revenant d'une promenade à la Fontaine, mais jamais aucun d'une grâce aussi attachante et qui flattât d'avantage l'œil. »

Le vallon des Eaux, si tranquille maintenant, eût, lui aussi, ses beaux jours. Il fut un temps où les étrangers affluaient à Dinan : alors, les bals champêtres, les piques-niques, les fêtes de toute sorte se succédaient au fond de ce charmant ravin, dont les échos répétaient chaque soir les accents de l'orchestre et les joyeux éclats de rire des danseurs. Mais on a presque oublié le chemin de la Fontaine. Le monotone tic-tac du moulin, le chant des oiseaux, le bruissement de l'eau, le sifflement de la brise à travers les branches des arbres viennent seuls interrompre le silence de ces lieux, où règnera longtemps encore, nous le croyons, cette tristesse poétique qui n'est pas au reste un de ses moindres charmes.

Les eaux minérales de Dinan ont été souvent analysées. Duhamel, Farmoine, Monnet, Chiffoliau, et, tout récemment encore, M. Malaguti, dont le nom fait autorité dans le monde de la science, ont signalé les propriétés de cette source, meilleure encore que sa réputation, et, si quelqu'un pouvait en douter, il suffirait de citer les noms des personnes marquantes auxquelles nos Eaux ont rendu la santé.

« Puisqu'on ne sait pas au juste, dit M. de Jouy, dans *l'Ermite de la Chaussée-d'Antin*, où se trouve la Fontaine de Jouvence, rien n'empêche qu'on ne donne ce nom aux Fontaines minérales de Dinan, dont les eaux, entr'autres vertus singulières, ont celle de réparer du temps l'irréparable outrage. Je citerais plusieurs femmes qui ont retrouvé là leur jeunesse, si je pouvais les faire convenir même d'une vieillesse passée. »

Un fait qui remonte à peine à quelques mois, et que racontait récemment le *Journal d'Ille-et-Vilaine,* est venu confirmer, une fois de plus, le témoignage du brillant académicien : »

« Une dame de St-Brieuc, atteinte d'une maladie de langueur, avait été envoyée par un médecin spécialiste de Paris à nous ne savons quelles eaux d'Allemagne. Arrivée là, elle consulte le le médecin de l'établissement, qui, après quelques réflexions, lui dit :

« — Les eaux de S... ne conviennent pas à votre maladie. C'est en France qu'il faut chercher votre cure, et non ici.

« — Mais où donc, docteur ?

« — J'ai pleine confiance, d'après tout ce qui m'a été appris, dans les eaux de Dinan, en Bretagne ; et c'est là où vous retrouverez la santé.

« L'habitante de St-Brieuc se remit donc en route et revint chez elle, en s'arrêtant à Dinan, d'où elle partit guérie. »

LA CONINNAIS.

En remontant le cours capricieux du petit ruisseau d'*Argentel*, on arrive bientôt à la *Coninnais*, gentil manoir perdu dans un massif de sapins et de marronniers, et qui mire coquettement dans un étang voisin sa tourelle gothique et ses hautes cheminées.

La Coninnais est l'antique demeure des Du Châtel, dont les riches armoiries surmontaient autrefois la porte du château, garnie maintenant d'un lierre touffu qui semble s'efforcer de cacher les traces du vandalisme révolutionnaire.

Si vous visitez cette poétique habitation, asseyez-vous à l'ombre d'un des marronniers de l'avenue, (¹) et faites-vous conter quelqu'une des mystérieuses légendes de la Coninnais, bien

(1) On remarque, vers le milieu de l'avenue, une vieille fontaine surmontée d'une figure mutilée.

connues des paysans d'alentour;— puis, enfoncez-vous dans cette coulée délicieuse qui s'ouvre devant vous, et que l'on a si bien nommé la *Vallée Douce*.

LA GARAYE.

Dès que vous aurez gagné le Val-Pinay, si plaisamment égayé par le caquetage des lavandières, suivez le chemin montant, sablonneux, malaisé, qui vient de la ville et serpente autour de cette butte escarpée, couverte, dans les beaux jours, des fleurs d'or de l'ajonc. Après un quart d'heure de marche, vous arrivez à l'entrée d'une spacieuse avenue de châtaigniers, au fond de laquelle vous découvrez des ruines grisâtres qui se découpent sur un épais rideau de feuillage :

C'est la *Garaye* !

Cette ancienne habitation, dont il ne restera bientôt plus que le souvenir, et quelques pierres éparses dans l'herbe, a été la résidence de la famille des Marot de la Garaye, qui compte parmi ses illustrations, outre le poète Clément Marot, Gilles Ferret, sieur de la Garaye, qui, en 1488, défendit héroïquement Dinan contre les Français, et Raoul Marot, sénéchal de Dinan, qui organisa le fameux complot à la suite duquel la ville ouvrit ses portes aux troupes de Henri IV.

Mais ce qui a surtout rendu célèbres et vé-
nérées ces ruines croûlantes, c'est qu'elles furent
témoins de la vie et des vertus du comte et de
la comtesse de la Garaye.

LE COMTE DE LA GARAYE.

Comme les armes, la charité a aussi ses héros,
et, des hommes illustres dont notre ville s'ho-
nore, il n'en est point dont le nom soit plus
populaire et la mémoire plus souvent bénie que
les Châtelains de la Garaye.

Charles-Toussaint-Marot de la Garaye naquit,
le 26 octobre 1675, d'une famille distinguée,
qui le destina d'abord à la carrière militaire.
Orphelin à dix-huit ans, il partit pour Paris, et
fit ses études au fameux collège d'Harcourt, d'où
il sortit quelques années après, pour entrer dans
le corps des Mousquetaires, qui était loin, alors,
de se faire remarquer par excès de discipline. Il
était jeune, ardent et brave, et possédait toutes
les qualités d'un soldat : aussi le voit-on faire
avec succès plusieurs campagnes et se distinguer
même au siège de Namur.

Mis, par la mort de ses parents, à la tête
d'une immense fortune, Claude-Marot quitta l'armée et revint en Bretagne, pour y mener la vie

de gentilhomme. C'est alors qu'il connut et épou-
sa Mlle de la Motte-Piquet, nièce du héros d'Oues-
sant, et que, sur l'avis de son beau-père, Greffier
en chef du Parlement de Bretagne, il acheta une
charge de Conseiller. Mais cette position, qui
exigeait du travail et surtout une assiduité con-
tinuelle, n'allait pas du tout au caractère che-
valeresque et quelque peu dissipé du jeune seigneur qui donna bientôt sa démission et partit
de Rennes, pour venir habiter, avec son épouse,
le château de ses pères, au milieu des riantes
et riches vallées de la Garaye.

Les jeunes châtelains commencèrent alors une
vie de luxe et de plaisirs, qui devait se terminer par un malheur et une conversion. Dans une
de ces chasses brillantes, qui se succédaient presque sans interruption et qui réunissaient l'élite
de la noblesse bretonne, la comtesse de la Garaye
fit une chute de cheval qui mit ses jours en danger et lui enleva, à jamais, l'espoir d'être mère...

Le comte et sa compagne considérèrent comme
un châtiment de la justice divine, cet accident
qui venait briser ainsi leurs rêves d'avenir, et
bientôt, suivant les pieux conseils du Prieur de
Saint-Jacut, ils résolurent de se consacrer au
soulagement des malades et des indigents. Le

château changea d'aspect ; une chapelle fut érigée, et les vastes salles, qui avaient vu tant de
somptueux banquets et de fêtes bruyantes, furent
transformées en hôpital, où les infirmes rece-
vaient les soins les plus affectueux de la main
même des châtelains convertis. Mais, connaissant
peu les maladies qu'il devait traiter, M. de la Garaye ne pouvait y remédier qu'imparfaitement :
pour se rendre plus utile et remplir plus effi-
cacement la sainte mission qu'il s'était imposée,
il quitta son domaine et alla, dans les écoles
de la capitale, se livrer à l'étude de la médecine.

Des travaux aussi généreusement inspirés et
poursuivis dans un but aussi philantropique, ne
pouvaient rester infructueux : le comte fit plusieurs découvertes scientifiques, parmi lesquels
on cite particulièrement les *sels essentiels* dits *sels
de la Garaye*. Louis XV, aux oreilles duquel
était parvenue la réputation de science et de charité qui entourait déjà le seigneur de la Garaye,
le manda à Marly, en 1731, et lui fit compter
90,000 livres ; quelques années plus tard, après
la publication d'un mémoire intitulé *Chimie hy-
draulique*, le comte reçut encore du roi de riches
présents et une nouvelle somme de 25,000 livres,
qui, comme la première, tourna, tout entière,
au profit des pauvres. Six ans auparavant, Louis

XIV lui avait donné une haute preuve d'estime en le créant chevalier de l'ordre royal et militaire *de Notre-Dame du Mont-Carmel et de saint Lazare de Jeruzalem*, et, en 1725, le duc d'Orléans, régent de France, l'avait élevé à la dignité de Grand Hospitalier de cet ordre célèbre.

De retour au château, M. de la Garaye se dévoua, avec plus d'ardeur et d'abnégation que jamais, au soulagement des malades, — tâche ardue, mais sublime, dans laquelle il fut dignement secondé par sa vertueuse épouse.

Ce fut en 1710 qu'il ouvrit, dans les dépendances de la Garaye, un hôpital qui prit, par la suite, de grands développements. Voulant étendre le cercle de ses bienfaits, il fonda à Dinan, en 1713, l'hospice des Incurables, et, dans la même année, établit à Taden une école gratuite, tenue par les Filles du Saint-Esprit. Plus tard, il créa dans notre ville un établissement des Filles de la Sagesse, qui a pris depuis une grande extension, et qui perpétue, par les services qu'il rend au pays, le souvenir de la bienfaisance des châtelains de la Garaye. Plusieurs communes limitrophes de Taden reçurent aussi des secours considérables.

Depuis cette époque, il ne quitta plus sa demeure, ou plutôt la demeure de ses pauvres,

Aubry, V! del. Lith. Oberthur, Rennes

PORTAIL de L'ANCIEN HOSPICE des INCURABLES,
à Dinan.

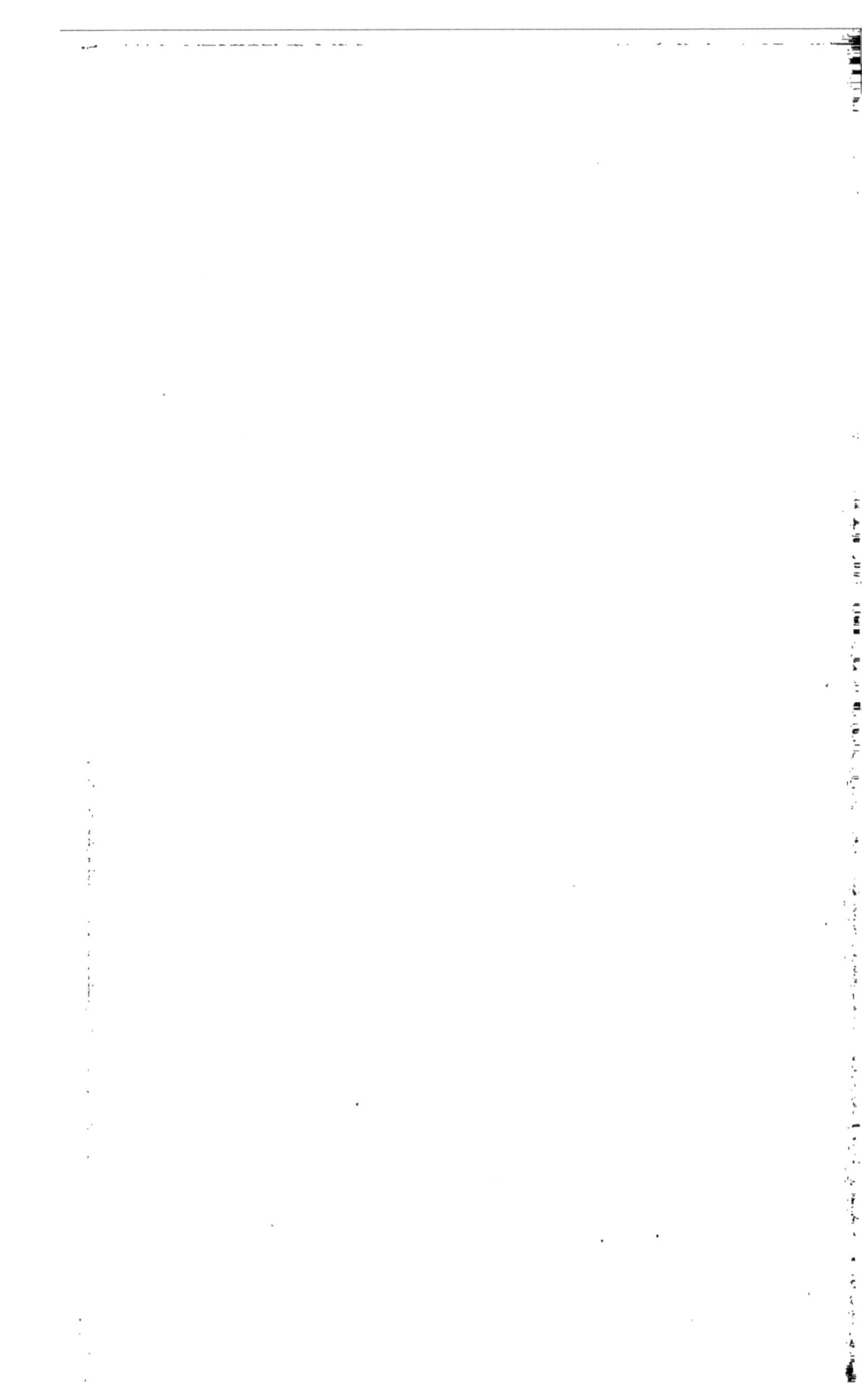

auxquels il s'était voué tout entier, si ce n'est en 1746, pour aller, avec ses gens, repousser l'invasion des Anglais, qui venaient de débarquer à Lorient, — tant il est vrai que, dans cette belle âme, la plus douce des vertus chrétiennes n'étouffait pas les élans du patriotisme !

Sa vie, dépensée ou pour mieux dire prodiguée au chevet des malades, fut longue cependant, car Dieu savait tout le bien que M. de la Garaye faisait sur la terre. Elle dut pourtant finir, et, après une heureuse et douce vieillesse, que l'on peut véritablement appeler le soir d'un beau jour, le vertueux comte rendit l'âme le 2 juillet 1755. Son épouse le suivit de près dans la tombe, et tous les deux furent inhumés, suivant leur volonté dernière, dans le modeste cimetière de Taden, au milieu des pauvres qu'ils avaient tant aimés et si généreusement secourus.

Mme de Genlis visita la Garaye et écrivit, à l'intention de son royal élève, le charmant petit livre d'*Adèle et Théodore*.

Par une froide matinée de décembre 1860, une autre femme, célèbre de l'autre côté du détroit, non seulement par ses écrits, mais encore pour sa beauté, faisait aux ruines de la Garaye une sorte de pélérinage. Elle se fit raconter la vie des châtelains. Les dissipations et les folles aventures de leurs premières années, leur conversion subite, le dévoûment sublime avec lequel ils se consacrèrent au soulagement des malades,— cette existence si belle, si extraordinaire qu'elle semble tenir du roman, frappèrent l'imagination de Mme Norton, qui vit là le sujet d'un poème. Ce poème, *(The lady of la Garaye.* — Londres, 1861.) elle vient de l'écrire : c'est tout simplement un chef-d'œuvre, que Mme Norton ajoute au *Réve*, à l'*Enfant des Iles* et aux fameuses *Ballades de la tante Carry*.

CHATEAU ET ABBAYE DE LÉHON.

Le petit bourg de Léhon, situé sur la Rance, à un kilomètre de Dinan, ne doit son renom qu'à son vieux château féodal et au prieuré de Saint-Magloire.

Si l'on en croit une inscription placée sur un des vitraux de l'église de Locminé, le prieuré de Léhon fut fondé, vers le commencement du VIIe siècle, par saint Colomban : ce ne fut d'abord qu'une réunion de cinq ou six moines vivant, ignorés, dans un humble réduit. Mais, alors qu'il n'était encore que lieutenant du roi,

Nominoé leur promit que, s'ils pouvaient découvrir les reliques d'un saint, il leur ferait élever un grand monastère. Un des religieux ayant apporté de Jersey, quelques années après, le corps de Saint Magloire, évêque de Dol, Nominoé tint sa promesse et bientôt, grâce à ses libéralités, le prieuré, qui prit alors le nom de Saint-Magloire, posséda d'importants revenus et fit bâtir une église, dont les murs sont encore debout. Sous Erispoë, il s'agrandit encore. L'histoire ne nous donne, à partir de ce moment, aucun renseignement curieux sur cet établissement, qui continua de prospérer, à en juger du moins par l'importance des bâtiments, au moment de la révolution. L'église surtout, était, dit-on, remarquable, à cause de la magnifique rosace de la principale fenêtre : la chaire était un chef-d'œuvre de sculpture, dont on peut voir encore quelques débris aux fonts baptismaux de l'église paroissiale qui s'élève, confuse, aux pieds de son aînée. La chapelle renfermait, on le sait, l'enfeu des Beaumanoir, d'où l'on a extrait, en 1843, les pierres tombales conservées au musée.

> Salut ! vieux murs croûlants ! salut, nobles débris
> Parvis qu'ont habité des martyrs héroïques,
> Arceaux noirs et rompus, pauvres piliers meurtris,
> Qui portez nos dédains, superbes et stoïques,

Nef ou l'encens fuma, bas-côtés assombris
Du nuage éternel des sept lampes mystiques,
Rosace où l'art mêla ses ornements fleuris
Aux symboles secrets des oracles antiques.

Salut ! vous êtes grands, obscurs et ruinés....
Des hommes de nos jours vous êtes dédaignés;
Et, comme le désert, j'aime vos solitudes.

Là, plus d'un chevalier, au cœur chaud, aux bras rudes,
A fait sa veille armée, et, loin des multitudes,
A vu le ciel s'ouvrir à ses yeux étonnés. (1)

Le couvent de Léhon, qui fut, pour ainsi dire, le berceau de la pieuse société des Magloriens, était dans notre pays ce qu'étaient, au moyen-âge, plusieurs monastères, c'est-à-dire un lieu de refuge où des cadets de famille privés de leurs droits d'héritage, menaient joyeuse vie. Aussi l'histoire nous apprend-t-elle qu'à diverses reprises le prieuré de Saint-Magloire tomba dans un tel relâchement que son existence même fut compromise, et qu'il ne fallut rien moins que le zèle et les exemples du vertueux Noël Mars, d'Orléans, pour le sauver.

Tous les auteurs font mention d'une sorte de redevance à laquelle les nouveaux mariés de la paroisse étaient soumis envers le prieur de l'abbaye. Chaque année, le lendemain du jour de la

(1) *Les Dinannaises*, par P. SAINTIVE.

Pentecôte, ils étaient obligés de venir, à cheval, rompre une lance contre l'écusson du monastère : cela s'appelait « courir la quintaine. » Puis le mari prenait par la main sa fiancée, et la conduisait devant l'abbé, où elle chantait, en dansant, le couplet suivant :

Si je suis mariée, vous le savez bien ;
Si je suis à malaize, vous n'en savez rien ;
Ma chanson est dite, je ne vous dois plus rien.

« Si fait, répondait le sénéchal, qui, comme les autres officiers, était tenu d'assister à cette bizarre cérémonie, vous devez encore à Monseigneur : honneur, respect et l'accolée » Là-dessus, la jeune mariée se jetait au cou du moine, qui l'embrassait dévotement et la rendait au mari, peu satisfait, sans doute, de cette singulière coutume.

En descendant le chemin du Parnasse, qui mène de Dinan à Léhon, vous remarquez, sur un monticule escarpé qui domine le bourg, des ruines féodales, que le lierre et des hêtres épais semblent ne laisser voir qu'à regret : c'est le château de Léhon, bâti pour commander le cours de la Rance, suivant les uns, pour protéger le monastère, suivant les autres, et rudement éprouvé par plusieurs siéges au moyen-âge. Ruiné une première fois par Alain, duc de Bretagne, qui s'en empara au XIe siècle, il fut reconstruit et demantelé de nouveau par Henri d'Angleterre.

CROIX DU SAINT-ESPRIT.

Dans la même commune de Léhon, au milieu du petit village du Saint-Esprit, dont on fait remonter l'origine jusqu'au temps de Robert de Normandie, s'élève une croix en granit fort estimée des archéologues et qui date, dit-on, du onzième siècle. Le fût de la colonne, d'un travail fort délicat, se termine par un groupe représentant l'agonie du Christ.

Quand éclata la révolution, les patriotes de l'endroit voulurent démolir ce monument, et quelques-uns de ces iconoclastes s'étaient déjà mis à l'œuvre, quand une pierre, ébranlée par le marteau, tomba sur le plus enragé des travailleurs et le tua raide. Cet accident fut considéré comme un châtiment providentiel, et, de ce jour, personne n'osa plus toucher à la croix du Saint-Esprit.

ASILE DES SACRÉ-COEUR.

Des hauteurs où se trouve si pittoresquement assis le hameau du Saint-Esprit, l'œil domine un bel établissement dont les vastes dépendances sont fermées, au loin, par des murs continus. C'est l'Asile des Aliénés fondée, en 1836, par une dizaine de frères de Saint-Jean-de-Dieu, au nombre desquels se trouvait le R. P. Magallon, qui fut, avant d'être moine, page de la reine de Prusse et, plus tard, officier supérieur de la grande armée.

Cet hospice, plus connu sous le nom de l'ancienne ferme des *Bas-Foins*, sur l'emplacement de laquelle il a été fondé, est un des plus importants de France : il renferme près de sept cents malades et 80 religieux. Le public est admis à le visiter tous les jours, les dimanches et fêtes exceptés.

Nous engageons les étrangers à profiter de cette autorisation : en sortant des Bas-Foins, ils éprouveront sans doute un sentiment de pitié pour les malheureux qu'on y soigne ; mais ils auront certainement aussi une pensée de reconnaissance et d'admiration pour ces frères courageux, qui savent si bien comprendre cette parole divine, gravée sur le fronton de leur Asile : *Deus caritas est.* (¹)

(1) On construit, en ce moment, à l'Asile du Sacré-Cœur une fort jolie chapelle gothique.

CORSEUL.

De toutes les communes qui environnent Dinan, il n'en est point de plus digne de fixer l'attention de l'archéologue que Corseul, ancienne capitale des *Curiosolites*, situé à 12 kilomètres de notre ville, sur la route de Plancoët.

Que Corseul ait été occupé par les Romains, c'est incontestable ; qu'il fut un centre important, c'est au moins probable, parce qu'il est le point de départ de plusieurs routes antiques qui existent encore.

A un kilomètre du bourg, on montre les murs croûlants d'un temple de Mars, dans lequel on a découvert un autel, que l'on peut voir au musée de Dinan, et qui porte une inscription indéchiffrable. Tout près de ces ruines, sur un riche plateau, où campèrent, dit-on, les légions de César, s'élèvent les vieilles tours de Montafilant dont on ignore l'origine et la destination.

Un des débris les plus intéressants et les plus curieux de l'occupation romaine, est, sans contredit, une pierre tombale qu'on a maladroitement incrustée dans l'un des piliers du chœur de l'église paroissiale de Corseul, et sur laquelle est gravée l'épitaphe suivante :

```
D  Ⴔ  M  Ⴔ  S
SILICIA  NA
M  GID  DE  DO
MO  AFRKA
EXIMIA  PIETATE
FILIVM  SECVTA
HIC  SITA  EST
VIXIT  AN  LXV
C  FL  IANVARI
VS  FIL  POSVIT
```

D'après l'opinion générale, cette pierre recou-vrait les restes d'une mère qui aurait poussé le dévoùment jusqu'à suivre son fils au fond des Gaules, et c'est ainsi qu'il faudrait compléter et traduire l'inscription que nous venons de trans-crire littéralement :

Diis Manibus Sacrum

Silicia na*ta* **Marci** Gid*di* de domo **Afrika** exim*ia* pietate filium secuta hic sita est vixit an*nos sexayin-ta quinque* **Caius Flavius** Januarius fil*ius* posuit.

Quant aux pièces de monnaie trouvées dans les fouilles opérées à Corseul, on peut en voir une très-nombreuse collection au musée de Dinan : elles· vont du commencement de Jules César à Constantin exclusivement. ([1])

_____

(1) Le lecteur comprendra que le cadre, dans lequel nous devons nous renfermer, ne nous permet pas de traiter cet ar-

Corseul est limité, vers le nord, par Langue-
nan : cette dernière commune, qui n'a de remarquable que son église, bâtie par les soins de M.
l'abbé Jan, recteur actuel, touche elle-même au
Plessix-Balisson.

PLESSIX - BALISSON.

C'est une toute petite commune que le Plessix-
Balisson : sa superficie n'est que de huit hectares environ, et, du cimetière qui entoure la
modeste église paroissiale, on peut facilement
jeter une pierre sur le territoire de Ploubalay.

On y compte cinquante et quelques maisons,
qui servent à loger, tant bien que mal, une
population de 205 habitants. C'est à peine si
le pasteur du lieu fait, par an, trois ou quatre
baptêmes et une demi-douzaine d'enterrements :
dans les fortes années, il s'y est vu jusqu'à deux
mariages ! Heureux pays !

L'ancienne paroisse du Plessix ; qui n'avait
guères plus d'importance que la commune actuelle, jouissait néanmoins de quelques priviléges
ecclésiastiques : pendant fort longtemps, le curé

ticle avec tous les détails qu'il comporte : pour faire plus
ample connaissance avec les ruines romaines de Corseul, les
touristes consulteront avec fruit une brochure publiée, il y a
quatre ans, par M Bizeul. (Dinan, chez J.-B. Huart.)

de ce pauvre village était de droit chanoine
honoraire de Saint-Jean-de-Latran : beaucoup
d'évèques d'aujourd'hui n'ont pas cet honneur-
là. Pourquoi ? je ne saurais vous le dire au
juste ; ce qu'on sait, c'est que cette faveur, —
si toutefois c'en est une, — avait été accordée
par le Pape, sur les instances des seigneurs du
Plessix-Balisson, qui faisaient, paraît-il, assez de
bruit dans l'histoire.

C'est à cette famille qu'appartenait Geoffroy
du Plessix-Balisson, qui fonda le collége de St-
Martin-au-Mont, de Paris, en 1322, et prit
ensuite l'habit religieux au couvent de Marmoutiers, où il mourut, dix ans après, en grande
odeur de sainteté. D'après ses dernières volon-
tés, le diocèse de Saint-Malo avait droit à sept
bourses, qui devaient cependant être réservées
aux parents du fondateur, s'il s'en trouvait qui
fussent jugés propres aux études. Cet établissement prospéra, et l'abbé de Marmoutiers, en
1646, le céda, sous certaines conditions, à la
Sorbonne.

CHATEAU DU GUILDO.

Au fond de l'anse où, deux fois par jour, la
mer marie ses eaux à celles de l'Arguenon,

s'élève, ou plùtòt s'élevait, sur une éminence, le château du Guildo, rendu célèbre par les malheurs de Gilles de Bretagne.

Vers le milieu du XVe siècle, François Ier régnait sur la province. Gilles, son frère, n'ayant pu faire augmenter par lui son apanage, qu'il trouvait insuffisant, livra aux Anglais les principales villes dont il disposait, et se réfugia dans cette forteresse, qui passait alors pour imprenable.

Mais cédant aux excitations d'Arthur de Montauban et de l'évêque de St-Malo, qui voulaient perdre le prince, François Ier considéra cette retraite de son frère comme un commencement de révolte ; il le fit arrêter et enfermer dans le château de Dinan. Malgré les prières de Pierre de Bretagne et du connétable de Richemont, Gilles fut transporté successivement à Moncontour, puis enfin à la Hardouinaye, où il mourut, dans un affreux cachot, après quatre années de traitements barbares et de captivité.

Depuis ce jour, le château du Guildo a conservé un aspect funèbre, et le ciel semble avoir écrit sur chaque pierre de ses ruines une page de la lamentable histoire de l'infortuné Gilles de Bretagne. Tout près de là, les habitants du pays vous montreront un tumulus, d'où sort, chaque soir, une femme vêtue de blanc, qui va laver dans l'Arguenon un linceul ensanglanté : ainsi se perpétue, dans cette contrée, par de supertitieuses traditions, le souvenir des malheurs de Gilles et des crimes de François Ier.

Ce petit temple de construction moderne, assis coquettement sur le versant du côteau voisin, est celui de Notre-Dame-de-l'Arguenon. C'est dans la modeste villa près de laquelle on a construit cette chapelle, que vivait Hippolyte DE LA MORVONNAIS, qui a si souvent chanté, dans de délicieuses poésies, les grèves bretonnes.

LE VAL.

HIPPOLYTE DE LA MORVONNAIS,

Le manoir du Val, qui appartint autrefois à la famille de Châteaubriand, était la demeure de prédilection de l'auteur de *Madeleine* et du *Vieux Paysan*, qui vint de bonne heure se fixer sur les rives de l'Arguenon, et où il composa ses pages les plus touchantes. Qu'il était heureux dans sa retraite !

> J'eus toutes les douceurs qu'on peut goûter sur terre,
> Toutes ; j'eus mon ange aux déserts ;
> J'eus ma colombe blanche, et, pieux solitaire,
> Mes étoiles aux bords des mers.

J'eus mes hymnes redits aux genoux d'une femme,
    Que Dieu fit pour me consoler,
Moi, faible et plein de deuil ; et depuis en mon âme,
    Je n'aimai plus à m'isoler.

Car, avant, j'étais seul ; et les fleurs de mes rêves,
    Ne s'épanouissaient qu'aux lieux,
De pleine solitude, aux caps distants des grèves,
    Ou sur les monts silencieux.

Dès que je l'eus trouvée, alors je vis mon ange
    L'ange rêvé de mes amours,
La moitié de moi.même ; et la paix sans mélange
    Me sembla faite pour mes jours.

Nous vînmes au désert : j'ouvris, ô Poésie !
    Ta source à son âme, et je dis :
« Bois ! » Elle but, joyeuse, et la femme choisie,
    Dit que c'était le Paradis.....

Mais un jour, hélas ! le deuil vint s'asseoir au foyer du grand manoir : le poète perdit son ange ! Triste et brisé, il voulut s'arracher aux lieux qui lui rappelaient de trop poignants souvenirs d'un bonheur perdu, et se retira dans la villa du Rouvre, d'où pourtant il songea plus d'une fois au Val-de-l'Arguenon :

Que fais-tu maintenant, ma Thébaïde aimée ?
Te voiles-tu de deuil, comme mon cœur désert ?
Pleures-tu ? Les rosiers de ta cour parfumée
S'ornent-ils de boutons devant le perron vert ?

Du premier rossignol la chanson reclamée
Si vivement par nous, que fatiguait l'hiver,
Se mêle-t-elle enfin à la brise charmée,
Et sonne-t-elle au bois avec la lente mer.

Ton œil demande-t-il la blanche châtelaine,
Au vieux château qui croûle, au rivage où l'haleine
Du vent s'aromatise, au hâvre villageois :

O manoir ! attends-tu que ton ange revienne ?
Ou de loin, accordant ta pensée à la mienne,
Rêves-tu, plein d'amour, au bonheur d'autrefois ?...

Ce *Val* tant aimé, Hippolyte voulut le revoir
encore, et il y passa plusieurs années, parta-
geant sa vie entre sa jeune fille, qu'il adorait,
ses amis et la poésie. C'est alors qu'il éleva ce
petit temple gothique, consacré solennellement,
le 2 septembre 1849, par l'évêque diocésain.

Ce fut, pour le poète, un beau jour :

Gloire à Dieu dans le petit temple,
Edifié par nos efforts !
Enfin, mon œil joyeux contemple
La jeune église de nos bords.

Autour un village s'élève,
La mer est dans l'éloignement,
Et le vent qui vient de la grève,
Y mêle un long gémissement.

Au seuil du temple évangélique,
Au milieu du hameau chrétien,
Le presbytère apostolique
Forme un sympathique lien.

Près du saint lieu, le cimetière
Touchant ensemble, doux accord !
Unis dans notre vie entière,
Nous le serons après la mort.

En ce vert tombeau qui m'attire
Par un appel suprême et doux,
Je viendrai suspendre ma lyre,
Pauvres gens, au milieu de vous.

La brise, aux notes infinies,
Y fera chanter nos adieux,
Pendant que nos âmes, ravies,
Seigneur, habiteront vos cieux !

Hippolyte de la Morvonnais ne quittait plus le Val, que pour visiter sa propriété des Bas-Champs, en Pleudihen. Car il aimait les Bas-Champs, où il avait passé son enfance, et, quand il sentit les premières atteintes du mal qui devait le coucher dans la tombe, il s'y fit conduire pour y rendre le dernier soupir :

Oh ! que je voie encore, au bord du joli fleuve,
Le village où mourut ma mère, simple veuve,
Au mois des fleurs et du soleil :
Et ses longs peupliers, et, près de la rivière,
Les pignons du hameau jaunis par la lumière
Du couchant limpide et vermeil.

Mon Dieu, mon doux Seigneur, avant qu'elle succombe,
Ramène la plaintive et fidèle colombe.
Au simple toit de ses aïeux,
Sous le jasmin du seuil ! O père, qui pardonnes,
Donne-moi tout cela : mais, Seigneur, tu me donnes,
Un bien encor plus précieux.

Tu ranimes la foi dans mon âme attendrie....
. . . .

La mort vint le 4 juillet 1853 : Hippolyte de

la Morvonnais était prêt. Il embrassa sa fille e quitta ce monde.

Son corps fut inhumé près de l'église de Notre-Dame, sur le bord de l'Arguenon : — un vrai lit de poète !

Si vous visitez ce cimetière, vous lirez sur une tombe ces seuls mots :

ICI GIT

HIPPOLYTE DE LA MORVONNAIS,

FONDATEUR DE CETTE ÉGLISE

ET BIENFAITEUR DE LA PAROISSE.

Découvrez-vous devant cette modeste pierre, car elle recouvre les restes d'un homme dont la mémoire sera bénie longtemps dans cette contrée, et auquel Dieu avait donné un grand talent et un grand cœur.

« Si dans le monde politique les plus dignes occupaient le premier rang, disait un publiciste célèbre, Emile de Girardin, aucun rang n'eût été trop élevé pour Hippolyte de la Morvonnais. »

SAINT-JACUT-DE-LA-MER.

Dans la presqu'île de St-Jacut, qui se couvre, chaque été, de joyeux essaims de baigneuses et de pêcheurs, il y avait, au moyen-âge, une riche abbaye, fondée, vers le milieu du V° siècle, par Grallon, roi de Bretagne : le premier abbé fut Jacob, suivant les uns, Jacut, d'après les autres. Successivement ravagée par les Saxons, les Normands et les Anglais, elle n'en exista pas moins jusqu'en 1792, époque à laquelle elle avait pour prieur Philippe d'Andrezel, qui émigra, rentra en France en 1803 et devint plus tard inspecteur général de l'Université. C'est là que, pour se soustraire aux poursuites de la Cour, le savant Dom Lobineau vint chercher du repos et termina, le 23 juin 1727, sa glorieuse carrière : il fut inhumé dans l'église conventuelle, superbe édifice dont les voûtes recouvraient les sépultures d'hommes illustres et que la révolution a démoli jusqu'à la dernière pierre.

L'abbaye de St-Jacut, qui dépendait de l'ordre de St-Benoist, contenait, dans le principe, un certain nombre de religieux, auxquels s'adjoignirent, en 1646, les moines de la fameuse Congrégation de St-Maur : ses revenus étaient considérables et, sous plusieurs ducs, notamment sous le règne de Jean V, ses vassaux jouirent d'une foule d'immunités. Mais, dans les derniers temps, elle avait beaucoup perdu de son importance, et quand, en 1792, elle fut supprimée, on n'y trouva plus que douze moines, vivant maigrement d'une rente de 8,000 livres.

L'îlot des Hébihens, séparé de Saint-Jacut par un petit bras de mer, qu'on peut à chaque marée traverser à pied sec, n'offre rien de particulier que sa vieille tour, construite, vers la fin du XVIIᵉ siècle, du produit d'une sorte de dîme prélevée sur la pêche des maquereaux, très-abondante dans ces parages. Les uns prétendent qu'elle servait de phare : mais les embrasures du couronnement et les meurtrières percée dans le mur de la petite cour qui la précède, font croire qu'elle fut bâtie pour défendre les deux petits ports de relâche de la *Chapelle* et du *Lançon*.

La population de Saint-Jacut-de-la-Mer vit exclusivement de la pêche : chaque maison à son bateau, ses filets. Tous les jours, la petite flotille part, joyeuse, pour le large, d'où elle revient le lendemain, presque toujours avec une charge de poissons, que des courtiers expédient immédiatement pour Rennes, d'où ils prennent le chemin de fer de Paris.

SAINT-CAST.

Aimez-vous les promenades sur l'eau ? dans ce cas, montez sur un des cent bateaux de pêche de Saint-Jacut, qui vous transportera, sans danger et en peu de temps, sur l'autre rive. Vous apercevez d'abord , en débarquant , le clocher de Saint-Cast et les ruines d'un vieux château, à demi cachées par les arbres ; puis au fond de l'anse formée par les pointes de l'*Ile* et de la *Garde*, vous avez devant vous de vastes dunes, au milieu desquelles s'élève une croix de granit : c'est le champ de bataille de Saint-Cast , illustré par la victoire que les volontaires bretons et l'armée française y remportèrent sur les Anglais le 11 septembre 1758, et cette modeste croix marque la place ou furent ensevelis, après le combat les victimes de cette mémorable journée.

On sait avec quel élan nos pères y repoussèrent l'invasion anglaise. La flotte ennemie, forte de plus de cent voiles, sous le commandement de l'amiral Howe, avait mouillé, le 3 septembre, au nord de l'île Ago ; 8,000 hommes débarquèrent et se répandirent sur le pays compris entre la Rance et le Frémur, commettant partout les plus horribles excès. Le 6, les garnisons de Dinan, Saint-Malo, Dol, Lamballe et Saint-Brieuc étaient réunies et voyaient venir à elles une foule de volontaires. Ce ne fut que le 11, que, sur un rapport de M. de Broc, qui l'informait que l'ennemi commençait à battre en retraite, le duc d'Aiguillon résolut de livrer bataille : elle fut décisive ! D'après la relation de ce fait d'armes, consigné sur les registres de la paroisse, 200 anglais seulement purent regagner leurs vaisseaux ; ils laissaient sur le rivage un très-grand nombre de morts, plus de 700 prisonniers, et un drapeau que la ville de Dinan conserve avec raison comme une glorieuse relique.

La colonne que vous apercevez, svelte et fière, sur le versant de la falaise, n'a été érigée qu'un siècle après la victoire qu'elle rappelle : elle a été solennellement inaugurée le 11 septembre 1858, ainsi que l'atteste une inscription rédigée en fort mauvais latin. (¹) Voici, plus haut, dans la plaine, le fameux moulin d'Anne, où, suivant de méchantes langues, le duc d'Aiguillon s'amusa, pendant la bataille, à courtiser une meunière, ce qui fit dire au spirituel la Chalotais que le petit duc s'était couvert, ce jour-là, de plus de farine que de gloire.

(1) Nous ferons à ce sujet une simple observation : pourquoi s'obstiner à mettre ainsi partout des inscription latines ? Si l'on avait simplement gravé sur le monument de Saint-Cast ces mots : ÉRIGÉ EN MÉMOIRE DE LA VICTOIRE REMPORTÉE PAR LES BRETONS SUR LES ANGLAIS LE 13 SEPTEMBRE 1758, on aurait été compris de tout le monde, et cela, certes, eût mieux valu que cette hiéroglyphe dont on est obligé de deviner le sens.

Sans ajouter entièrement foi à cette tradition peu charitable, il est constant que, si le duc d'Aiguillon l'avait voulu, pas un Anglais n'aurait rembarqué.

D'ailleurs, le combat de Saint-Cast a porté ses fruits, et jamais, depuis, les Anglais, — nos ennemis alors, aujourd'hui nos alliés, — n'ont osé tenter d'opérer une descente sur nos côtes.

A part son champ de bataille, Saint-Cast n'a rien qui puisse intéresser le touriste, si ce n'est son église, où l'on voit encore la trace des boulets ennemis, et son cimetière, où s'élevait autrefois un chêne au pied duquel les filles-mères, que la honte poussait au désespoir, déposaient leurs enfants. Ceux-ci étaient recueillis par les habitants de la paroisse, qui les gardaient avec soin, en compassion de la « pauvre martyre. » Mais, pour la mère, le choix de cette place consacrée était une muette et solennelle promesse de mourir, à laquelle ces malheureuses ne manquaient jamais.

Un de nos premiers romanciers, Paul Féval, a rajeuni dans ses œuvres l'illustration de la plage de St-Cast, où se passe également l'action d'un drame qui eût à Paris un grand succès il y a une vingtaine d'années sous le titre de *La Salpétrière.*

FORT LA LATTE.

En suivant la côte, on arrive à la citadelle de la Roche-Goyon, *(castellum de Rocà-Goyon)* construite, en 937, par le sire de Goyon, « grand « occiscur de gent Normande, » comme dit la chronique des bannerets de Bretagne. Les anglais l'assiégèrent inutilement, en 1790 : plus tard, — au temps de la Ligue, — elle était occupée par le parti du roi, et commandée par René-Léon de la Roche, sous les ordres du maréchal de Matignon. Mais, en 1689, Louis XIV força la famille de Goyon à lui vendre cette forteresse, dont il lui laissa toutefois le gouvernement, et ce fut alors que, devenue la propriété de l'État, elle reçut le nom de *Fort la Latte*, qu'elle porte encore aujourd'hui.

Bâti sur la cime d'un rocher échancré, entouré de véritables précipices, le Fort la Latte est d'un accès difficile. On y pénètre par deux ponts, jetés hardiment sur des gouffres de cent mètres de profondeur, et défendus par une porte avec assommoir. L'intérieur renferme une forge à rougir les boulets.

Une seule fois, il tomba au pouvoir de l'ennemi : c'était sous les Cent-Jours. Mais les royalistes ne purent y pénétrer que par ruse, et, peu de temps après, le brave général Favre les en chassait avec un bataillon de marins. Un des royalistes, M. Saulaye de Letre, qui a été depuis préfet du Nord, a décrit cet épisode, dans un petit poème qui prouve tout au plus que, s'il était bon soldat, l'auteur était assez mauvais poète

Il y a trois ans, — en 1859, — les batteries du fort la Latte furent changées et l'on y exécuta des travaux d'armements considérables.

FRÉHEL.

Sur la pointe la plus avancée du cap Fréhel, à quatre kilomètres environ du vieux château des Goyon, s'élève un phare à feu tournant, construit, il y a quelques années, sur l'emplacement d'un ancien phare, qui avait été bâti par les malouins pour éclairer l'entrée de leur rade.

Il est situé par les 4° 39' 24" de longitude ouest, et 43° 41' 5" de latitude nord.

Les éclipses se succèdent toutes les 2 minutes 45 secondes.

Il est élevé de 75 mètres au-dessus des plus hautes marées, et ses feux se projettent à une distance de huit lieues maritimes environ.

De la galerie supérieure, le visiteur a devant lui un magnifique spectacle ; sous ses pieds, la mer qui vient se briser et s'engouffrer avec un horrible fracas dans les déchirures du rocher, au loin, l'île de Jersey, qui apparaît comme un brouillard, et, du côté de la terre, un immense panorama qui s'étend de la pointe de la Hogue à l'île de Bréhat et qui embrasse les vastes baies de St-Brieuc et de St-Malo, bornées à l'horizon par les noires montagnes du Menez.

C'est bien là, n'est-ce pas ? — la Bretagne chantée par l'auteur des *Martyrs*, cette rude Armorique qui n'offre guères que des bruyères, des bois, « des vallées étroites et profondes, traversées par de petites rivières, que ne remonte pas le navigateur et qui portent à la mer des eaux inconnues ; — région solitaire, triste, orageuse, enveloppée de brouillards, retentissante du bruit des vents et dont les côtes hérissées sont battues d'un Océan sauvage. »

Ce tertre haut et nu que vous apercevez, à peu de distance dans l'ouest, est la butte de Montbrand, où se tient, chaque année, une foire renommée qui dure huit jours. Sur l'autre versant, on voit une vieille tour ruinée, dont les savants du lieu font remonter l'origine à l'époque des croisades.

La rivière, ou plutôt le ruisseau qui vient se jeter au fond de la baie de la Fresnaye, s'appelle le Frémur : à son embouchure, sur les limites des communes de Pléboulle et de Pléhérel, existe un petit port, connu sous le nom de *Port-à-la-Duc*, qui dans les mauvais temps, sert de refuge aux caboteurs, et qui est fréquenté, aux marées, par des navires affectés au transport des grains et des cidres. On y a construit une cale et des quais, malheureusement insuffisants.

PLÉHÉREL. — GÉRIL DU PAPEU.

La paroisse de Pléhérel, sur les confins de laquelle nous sommes arrivés, renfermait, au moyen-âge, un hopital de Templiers, dont il ne reste plus aucun vestige : les seules constructions anciennes qu'elle possède sont quelques maisons nobles, pompeusement décorées du nom de châteaux, et dont quelques-unes rappellent de beaux souvenirs.

Le Vaurouault appartient à la famille de Lamotte-Rouge, qui compte dans ses rangs plusieurs généraux.

C'est à la Ville-Roger que s'était retiré, pour y finir sa carrière, un des hommes les plus éminents des Côtes-du-Nord, M. le marquis Louis de La Moussaye, qui fut successivement député, pair de France en 1835 et ambassadeur plénipotentiaire en Russie.

Enfin la terre du Papeu, qui, jusqu'au moment de la révolution, a été la propriété de la famille Géril du Papeu, dont un des derniers représentants a mérité le surnom de Régulus moderne.

C'était à l'affaire de Quibéron, dit M. Jollivet. « La fièvre qui anéantissait ses forces, la tempête qui soulevait les flots, les boulets que faisait pleuvoir une frégate anglaise, rien ne put empêcher Géril du Papeu de se jeter à la mer pour aller demander aux anglais de cesser le feu, afin de faciliter un traité entre les royalistes et les républicains français. Cent fois, dans cette périlleuse traversée, il fut sur le point de périr. Enfin, il arrive, expirant de fatigue et de froid, au vaisseau insulaire, et atteint le but pacificateur de la mission qu'il s'est donnée lui-même. On veut alors le retenir : on lui représente qu'il est épuisé, qu'il ne peut retourner au rivage, où d'ailleurs le trépas l'attend. Fidèle à sa promesse de se reconstituer prisonnier, il résiste à toutes les instances et va se remettre entre les mains des vainqueurs. »

On sait ce qui lui advint !... Aujourd'hui ses restes gisent dans un petit caveau au pied du monument élevé, près d'Auray, à la mémoire des royalistes fusillés à la suite de cette fatale journée.

De pareils exemples consolent au milieu de tant de hontes et de malheurs ; c'est une bouffée d'air frais dans une atmosphère fétide.

LA GUYOMARAIS.

Un peu après que M. de Geril périssait, à Quiberon victime de sa fidélité à la foi jurée, — un malheureux, connu sous le nom de *Gosselin*, mourait, pour la même cause et, lui aussi, victime de ses convictions, tout près du manoir du Papeu, dans la maison de la Guyomarais, commune de Saint-Dénoual. Cet homme dont la tête était depuis longtemps mise à prix, n'était autre que le marquis Tuffin de la Rouerie, chef de la fameuse conspiration que l'odieuse trahison du médecin Cheftel fit échouer.

En apprenant la mort du roi, pour lequel il avait un attachement, qui tenait de la vénération, la fièvre le prit et malgré les soins que lui prodiguèrent, au péril de leur vie, deux médecins de Lamballe, le gentilhomme proscrit expira, presque seul, en février 1793. On l'inhuma la nuit, au pied d'un noyer, dans le jardin de la Guyomarais.

Cheftel, ingrat et lâche jusqu'au cynisme, arriva bientôt. Il fit creuser le sol à l'endroit qui lui fut indiqué, profana le cadavre, détacha la tête du tronc et la porta, sanglante encore, aux bourreaux qni gouvernaient alors la France et qui durent le récompenser généreusement.

Mais les amis qui avaient rendu les derniers devoirs à M. Tuffin de la Rouerie avaient imprudemment enfoui, dans la fosse, un bocal contenant la liste des conjurés et les papiers de la conspiration : l'agent de la Convention découvrit la cachette, et, quelques jours après, treize têtes tombaient sur l'échafaud, pendant que deux autres accusés allaient mourir en exil.

N'est-il pas triste d'ajouter, après cela, que Cheftel mourut, sous la restauration, maire d'une commune des environs de Paris et comblé d'honneurs ?... ([1])

(1) Nous avons donné dans une petite brochure sur le canton d'Antrain, que nous avons publiée, l'année dernière, quelques détails sur le marquis de la Rouerie, et que nous tenons d'un témoin oculaire.

PLANCOET.

Quand vous traverserez la petite ville de Plancoët, si coquettement assise au bord de l'eau, levez les yeux vers cette montagne, au pied de laquelle se déroule le faubourg de Nazareth, et qu'on nomme le tertre de *Brandefer*. Auprès de ce moulin à vent, qui agite là-haut ses grands bras, s'élevait, autrefois, une poterne gigantesque, où s'exécutaient les actes de haute justice. Les révolutionnaires abattirent (ce hideux instrument, qui, fixé en permanence, jetait sur ce joli paysage un air sinistre : ce n'est pas ce qu'ils ont fait de pire. Mais, comme vous le pensez bien, ce n'est point là ce qui fait aimer Brandefer. Si l'artiste, si le poète se plaisent à le gravir et à se reposer sur le gazon qui le couvre, c'est qu'ils y trouvent encore empreints, pour ainsi dire, les pas d'un des plus illustres enfants de notre Bretagne, le vicomte Châteaubriand.

Dans sa jeunesse, l'auteur du *Génie du Christianisme* venait, chaque année, à l'époque des vacances, passer quelques semaines chez ses vieilles tantes, qui habitaient, dans la rue de l'Abbaye, une maison que les habitants de Nazareth vous montreront encore avec une sorte d'orgueil. « Si j'ai connu le bonheur, dit-il dans ses mémoires d'outre-tombe, c'est certainement à Plancoët. » Le château de Montchoix, qui appartenait à sa famille, était quelquefois le but de ses promenades : plus souvent il s'échappait, seul, venait s'asseoir sur le sommet de la colline de Brandefer, où il voulut placer , dit-on, le gracieux épisode de Velléda, et rêvait promenant ses regards ici sur une campagne riche et fertile ; là sur le cours capricieux du gentil fleuve d'Arguenon, à travers les vastes prairies de l'Argentaye ; là-bas sur l'océan, qui confond avec les nuages la teinte bleuàtre de ses eaux.

L'ARGENTAYE.

L'Argentaye n'est plus ce vieux manoir, aux murailles percées de meurtrières, et dont le châtelain barrait le passage de la rivière aux bateliers qui ne criaient pas :

Salut et joie
A M. de l'Argentoie !!

Non, le temps de ces redevances bizarres n'est plus, les barques circulent librement, et, si l'on voit encore quelques marins saluer, en passant, la somptueuse demeure de l'Argentaye, ce n'est qu'un hommage spontané, commandé par la bienfaisance de ceux qui l'habitent.

Cette construction moderne et d'une richesse quasi-princière, qui a remplacé l'ancien château, fut élevée, il y a une vingtaine d'années par M. Rioust de l'Argentaye, père du propriétaire actuel.

LA HUNAUDAYE.

Le château de la Hunaudaye bâti, vers 1220, par Olivier Tournemine, est situé sur les limites des cantons de Plancoët et de Jugon, commune de Plédéliac, au milieu d'une forêt de 2,000 hectares qui porta longtemps le nom de la *Forêt-Noire*. En 1793, le district de Lamballe y fit mettre le feu, de peur que ses murs n'eussent servi de réfuge aux Vendéens, qui venaient de passer la Loire, en sorte qu'il ne reste plus de l'ancienne demeure des Tournemine que quelques pans de murailles et de vieilles tours, qui mêlent aux branches des arbres leurs têtes mutilées.

Les Tournemine appartenaient à cette race, que Rabelais appelait plaisamment des *gens-pille-hommes*, et qui ne se faisaient pas scrupule de sortir, la nuit, de leur manoir pour voler sur les chemins et détrousser les passants. Malheur au voyageur attardé qui se risquait, sans défenses, sur les domaines du seigneur de la Hunaudaye :

puissant et plein d'insolence, celui-ci ne respectait rien et l'histoire nous apprend qu'un évêque de Saint-Brieuc y fut arrêté en 1584, et qu'il y laissa ses chevaux et ses bagages.

L'année suivante, la reine de France elle-même, Anne de Bretagne, se rendait en pélérinage au sanctuaire du Folgoët, quand les gens du château l'empêchèrent de passer outre et la conduisirent en présence de leur maître, qui la reçut avec honneur et la fit traiter avec beaucoup d'égards, mais en soutenant toutefois, qu'il avait le droit de rançonner ainsi quiconque osait traverser sa forêt.

Tous ses vassaux étaient ruinés : il pillait les églises, à ses moments perdus, et l'on dit qu'un jour, pour assouvir une vengeance, il égorgea, dans la salle basse de son château, son vieux père, sa femme et son frère.

LÉGENDE DE LA HUNAUDAYE.

A l'heure où s'éveille l'orfraie,
Où les tours de la Hunaudaye,
Comme trois fantômes des airs,
Enflamment leurs sommets déserts ;
A l'heure où la nuit tend son aile
Sur leur enceinte solennelle,
Voyageurs, voyageurs, fuyez,
Car l'enfer gronde sous vos pieds !

Ce fut là, que Dieu nous protège,
Et nous préserve de tout piège ! —
Ce fut là, — ne me quittez pas,
Car j'entends des soupirs là-bas, —
Ce fut là qu'au milieu de l'ombre
D'une nuit pluvieuse et sombre,
Un homme au maintien calme et fier,
Vint heurter la porte de fer.

Ouvrez, dit-il. — les gonds résonnent,
Il entre et les gardes s'étonnent,
Pas une seule goutte d'eau
Sur la pourpre de son manteau ;
Pas une seule humide tache
Sur les plumes de son panache :
Et pourtant, à travers la nuit,
L'eau du ciel tombait à grand bruit !

Or, dans la tour, muet et blême,
Le châtelain veillait lui-même ;
Il promenait son pas puissant
Sur le pavé retentissant :
Holà ! dit-il, dans ma demeure,
Qui peut heurter à pareille heure ?
Raoul, Olivier, allez tous,
Quel importun vient parmi nous.

Noble baron que Dieu défende,
Un homme d'armes vous demande.
— Qu'il monte ! et toi ne va pas loin,
Raoul tu viendras au besoin.
Il dit : dans la salle en silence,
L'homme au manteau rouge s'avance,
S'arrête et laisse voir des yeux
Plus brillants que l'éclat des cieux.

Qu'es-tu pour venir de la sorte
Heurter bruyamment à ma porte,

O magnifique chevalier,
Qui n'a pas même d'écuyer ?
Sais-tu qu'un mot va me suffire...
— L'étranger se prit à sourire,
Et d'une formidable voix :
« Tu veux savoir qui je suis ? vois !

Ma suite est là, qu'elle paraisse ! »
Il dit ; un spectre affreux se dresse,
Un autre encore, un autre après ;
Tous trois ont dévoilé leurs traits ;
Tous trois sont vêtus d'un suaire
Qu'ils entr'ouvrent avec mystère,
Et tous trois montrent de la main
Le sang qui coule de leur sein.

« Baron je n'ai pas d'autre garde,
Ajoute l'inconnu, regarde :
Voilà ton père, saint vieillard,
Qui tomba d'un coup de poignard ;
Voilà ta femme assassinée,
Ton frère mort la même année,
Tous trois sanglants, tous trois glacés ;
Quel fut leur bourreau ? tu le sais. »

Et les trois fantômes ensemble
Enlacent le baron qui tremble ;
Il appelle, les murs sont sourds ;
L'homme rouge riait toujours,
Et les foudres amoncelées
Tonnaient dans le creux des vallées ;
Enfin, à la pointe du jour,
Le feu du ciel frappa la tour.

La voilà toute sillonnée ;
Voilà sa porte ruinée ;
Mais l'horizon s'est obscurci,

O voyageur ! fuyez d'ici
C'est l'heure où la nuit tend son aile,
Sur cette enceinte solennelle
Voyageur, voyageur, fuyez,
Car l'enfer gronde sous vos pieds.

En. Turquéty.

Ne vous effrayez pas pourtant : les Tournemine ne reviennent plus. Si, quand le jour finit,
vous voyez quelque ombre se glisser sous les
arbres et remuer, en marchant, les feuilles sèches
qui jonchent le sol, soyez sur que c'est tout
simplement un bûcheron surpris par la nuit ou
quelque pauvre du voisinage qui profite de l'obs-
curité pour emporter un petit faix de *bois-mort*.

SAINT-AUBIN DES BOIS.

Tout près de là, se trouve aussi l'antique
abbaye de Saint-Aubin des Bois qui, fondée en
1137, exista jusqu'en 1793, époque à laquelle
elle fut saccagée et ses religieux massacrés. « On
voit encore aux boiseries, dit M. de Garaby,
les trous des balles lancées par les persécuteurs
de quelques hommes inoffensifs. »

Mgr de la Romagère racheta ce vieux monastère et y établit une maison de retraite pour
les prêtres infirmes : plus tard, les frères St-Jean-
de-Dieu s'y installèrent avec quelques aliénés.

Un des premiers publicistes de notre époque,
M. Louis Veuillot, a visité ces ruines intéressantes,
auxquelles il a consacré un des plus charmants
articles de sa récente publication, *Ça-et-là*.

JUGON.

Si vous avez lu les *Derniers Bretons*, vous
devez vous souvenir de cette petite bourgade,
assise au pied d'une montagne, sur le bord
de deux lacs, et qu'Emile Souvestre compare aux
plus jolis villages de la Suisse : c'est Jugon.

Nous en sommes à quelques kilomètres seulement.

En y arrivant, vous remarquez d'abord une
proéminence escarpée, qui se termine en cône,
et sur le haut de laquelle on a planté deux
peupliers : c'est là que la fameuse maison des
Penthièvre avait son château fort au commencement du xɪᵉ siècle. Cette forteresse à peu près
inaccessible commandait toute la vallée au fond
de laquelle est Jugon, et avait, au moyen-âge
une grande importance, s'il faut en croire un
vieux dicton, que les jugonnais ne manqueront
pas de vous répéter :

« Qui a Bretagne sans Jugon
« A chape sans chaperon. »

7

Le château des Penthièvre, dont l'histoire se
trouve mêlée aux principaux évènements de cette
époque, fut démantelé par ordre de Jean V, en
1420 : mais Henri IV craignant que les ligueurs
ne se fortifiâssent dans des ruines encore importantes, voulut qu'on le rasât complètement,
et un arrêt du parlement, du 19 mars 1616,
enjoignit aux officiers de la juridiction de Dinan
d'abattre la vieille citadelle jusqu'à la dernière
pierre, « en sorte que personne ne s'y put loger. »
Ces derniers s'acquittèrent consciencieusement de
leur mission. On n'en trouve plus aucune trace,
et le touriste qui visite la petite ville de Jugon
n'a plus à admirer, en l'absence de débris féo-
daux, que deux beaux étangs, des sites très
pittoresques, et une petite église, dont la première pierre fut posée par Olivier de Dinan,
vers le commencement du douzième siècle, et qui
a de bonnes parties.

Si fait ; — pour peu qu'il soit gourmet, le
promeneur pourra trouver, à Jugon, autre chose
que des sites : nous lui recommandons les an-
guilles de l'étang, très renommées à vingt lieues
à la ronde et dont les amateurs de bonne chère
font le plus grand cas.

La *ville* champêtre de Jugon a vu naître, au
seizième siècle, Toussaint de Beaumanoir, qui se

déclara pour Henri IV, au temps de la Ligue,
et mourut, jeune encore, des suites de blessures
reçues au siège d'Ancenis. Il avait le titre de
baron de Rostrenen, et fut inhumé dans la col-
légiale de cette dernière ville.

Enfin, si vous faites le tour de la modeste
église, vous remarquez un petit monument élevé
par les Jugonnais à la mémoire de leur concitoyen,
M. l'abbé Hyacinthe-François Sevoy, membre
de la Congrégation des Eudistes et auteur d'un
excellent ouvrage sur les devoirs des ecclésiastiques.

PLÉNÉE-JUGON.

La commune de Plénée-Jugon est une des plus
considérables de l'arrondissement : la ligne de
chemin de fer, qui la traverse, va lui donner
une nouvelle importance.

Le bourg, qui ne vise à rien moins, d'après
des langues indiscrètes, qu'à attirer tout doucet-
tement à lui le chef-lieu de canton, occupe un
plateau, sis à peu de distance de l'embouchure
de l'Arguenon : l'église est moderne, et l'intérieur est orné avec ce luxe de bon goût que
l'on rencontre rarement dans les campagnes. La
tour seule est fort ancienne, puisque, d'après

la tradition, elle aurait été construite par Henriette de la Tour d'Auvergne, dame de la Moussaye, sœur de Turenne. Il faut monter 91 marches pour arriver au sommet, d'où l'on découvre un magnifique pays, au milieu duquel s'élève la demeure seigneuriale de la Moussaye.

Construit vers le commencement du XVIe siècle, ce château, situé sur le bord d'un large ravin, au fond duquel serpente l'Arguenon, et défendu jadis par des murailles crénelées et flanquées de tours, ne put être achevé, par suite du départ des sieurs de la Moussaye, qu'après la révocation de l'édit de Nantes (1685). Néanmoins il eut sa part de gloire et de revers dans les guerres de religion des XVIe et XVIIe siècles.

La famille de la Moussaye, qui existe encore, est une des plus anciennes et des plus illustres de la province : dès 1249, nous voyons un Raoul de la Moussaye suivre le roi à Damiette et périr à la bataille de la Massoure, et Olivier de la Moussaye prendre part à la seconde et dernière croisade de saint Louis.

Alain de la Moussaye suit Du Guesclin en Aquitaine, est nommé capitaine de Rennes et ratifie le traité de Guérande, en 1381.

Quatre ans plus tard, Etienne de Goyon la Moussaye, reçoit le titre d'amiral de Bretagne, puis est accrédité à la cour de France en qualité d'ambassadeur : nous le retrouvons, en 1401, gouverneur du château de Rennes.

En 1418, Charles VII donne à Rolland de la Moussaye le fief de la Fesandière, près d'Ancenis, « en reconnaissance des beaux faits et des frais que ledit messire Rolland, et Jean son fils, avaient faits pour le recouvrement de la ville et château de Tours, » occupés par les Anglais.

Enfin, l'histoire parle encore d'un Raoul de la Moussaye, qui devint évêque de Dol et protonotaire du Saint-Siège (1444).

Avant de quitter la commune de Plénée-Jugon, faites, si le temps vous le permet, une courte visite aux ruines de l'abbaye de Notre-Dame de Boquen, fondée, dit-on, vers le commencement du XIIe siècle, par Olivier de Dinan, pour recevoir des moines du fameux ordre de Citeaux. Ces religieux s'adonnaient à l'agriculture et avaient créé d'importants revenus à leur maison, du moins si l'on en croit le dicton bien connu :

> « De tous côtés que le vent ventait,
> « Boquen rentait. »

C'est dans l'église absidiale, dont les murs sont encore debout, que fut enseveli le malheureux

prince Gilles de Bretagne, assassiné par les sicaires
de François, au château de la Hardouinaye.

PLESTAN.

La paroisse de Plestan est bien la plus insignifiante qu'on connaisse, et le touriste perdrait
son temps s'il se mettait en tête d'y aller qué-
rir quelque curiosité. C'est là, cependant, que
naquit un homme dont le nom, ignoré dans son
propre pays, est béni et acclamé de l'autre côté
de l'Océan.

Cet homme s'appelait Mathurin Le Provost.

« Le Provost, dit l'abbé de Garaby, cité par
M. B. Jollivet, fut chevalier de Saint-Louis et
lieutenant-colonel d'infanterie.

« Il se couvrit de gloire dans les Indes, au
siège de Madras, à Arriancoupan, à la défense
de Pondichéry, à l'affaire d'Amours, et surtout
lorsqu'à la tête de 300 braves français, du bataillon des Indes, entouré d'une armée de 80,000
hommes qui menaçait Pondichéry, il pénétra,
la nuit, dans leur camp, tua 1200 ennemis sans
perdre plus de deux soldats, jeta l'épouvante
dans cette grande armée, la dispersa toute entière et par là rétablit la confiance totalement
perdue dans la nôtre.

« Ce fut, dit Voltaire, une journée supérieure à celles des 300 Spartiates au pas des Thermo-pyles, puisque les Spartiates y périrent et que les Français y furent vainqueurs. Après une action aussi courageuse, le valeureux Mathurin commanda les troupes du roi dans les Indes. Il le fit avec tant de succès, qu'au combat livré, le **15** décembre 1750, à Nazerzingue, roi de Golconde, il le détrôna et donna la couronne à Muzaferzingue, protégé de la France. Le vain-queur de Nazerzingue périt sur le vaisseau *le Prince*, le 21 octobre 1754.

« L'histoire des révolutions des Indes l'a pro-clamé le *héros*. La Compagnie des Indes regarda la perte de notre brave et habile **Le Provost** comme irréparable, et les évènements ont jus-tifié ces éloges. »

Quelle inconséquence est la notre, fait obser-ver, à ce sujet, M. Benjamin Jollivet, dans son *Histoire des communes du département*. Nous étu-dions avec ardeur l'histoire des peuples anciens, éloignés de nous, et nous négligeons complète-ment celle de notre pays. Dès l'âge le plus tendre, on éveille notre enthousiasme en faveur des grands hommes de l'antiquité : on nous pas-sionne pour les héros d'Athènes ou de Rome, et l'on nous laisse ignorer qu'à côté de nous

sont des gloires contemporaines aussi brillantes
et aussi solides, qu'une indifférence coupable
laisse périr dans l'oubli.

Voilà un homme glorieux entre toutes les illustrations guerrières, jugé plus digne de l'immor-
talité que le héros des Termopyles. Cet homme
a disparu de ce monde il y a un siècle, pas davantage. Eh bien ! personne, dans le pays où
il est né, ne connaît son histoire ; personne ne
se souvient d'avoir jamais entendu prononcer
son nom !...

Si ses concitoyens lui élevaient une statue
ils ne feraient qu'acquitter une dette envers lui et la société gagnerait à cet acte de
justice tardive. Car, il ne faut pas qu'on l'oublie,
ce n'est qu'à la condition d'honorer partout le
mérite qu'on peut espérer de lui susciter partout des émules. (¹)

PLÉLAN. — BEAULIEU. — St-MÉLOIR.

C'est un pauvre et triste pays que le canton de
Plélan, presqu'entièrement couvert de landes et de
steppes immenses. Il y a quelques années, on parlait d'y établir un camp, mais ce projet ne se réalisa

(1) *Histoire des communes du département des Côtes-du-
Nord*, par M. B. Jollivet.

pas ; nous le regrettons, car il eût hâté le progrès agricole de cette contrée, d'ailleurs si déshéritée.

Chose singulière ! c'est ici peut-être que l'artiste et l'archéologue ont le plus à glaner, et, sans parler de la croix de granit et des fragments de sculpture de Saint-Maudez, nous nous hâterons de dire quelques mots des ruines romaines de Saint-Méloir et de la célèbre abbaye de Beaulieu (commune de Languédias).

Sur le territoire de la petite commune de St-Méloir, perdue, pour ainsi dire, au fond des terres, on rencontre de nombreux vestiges de l'occupation romaine. Le chemin de Lestra le traverse, et, sans s'écarter beaucoup de la route impériale de Lamballe à Dinan, l'on peut, tout près de la *Maison Neuve*, visiter cette voie fameuse, qui se dirige vers Corseul.

Non loin de là, Ogée signale un monument romain, qui existe encore aujourd'hui, et sur lequel on pouvait lire, à cette époque, l'inscription suivante :

Imp. Cæs. Avonio-Victorino.

P : E : P : I : S : C.... O : L : E : V : C :

Avec les meilleurs yeux du monde, il est impossible, à présent, de déchiffrer autre chose que ces trois mots :

Cæs. Avonio - Victorino.

Les savants, qui ne sont jamais embarassés, ont reconstruit de la manière suivante l'inscription que nous venons de transcrire :

Imperatori Cæsari , *Avonio - Victorino* , **P**atri *E*xercituum, *P*rincipi *I*nvicto, Senatus-Consulto, *L*ibertus *E*jus *V*ivens *C*uravit.

Traduisez cela comme vous voudrez.

Une simple question cependant : ce *monument*, puisque monument il y a, ne serait-il pas tout simplement une pierre milliaire ?

Racrochez-vous donc à cette opinion : cela vous évitera la peine de traduire en français de fort mauvais latin, comme en ferait tout au plus un élève de cinquième.

Sans nous livrer à des conjectures plus ou moins hasardées sur l'origine de cette pierre, pressons le pas et hâtons-nous d'arriver à l'abbaye de Beaulieu.

Votre guide, pourtant, n'ose trop vous engager à visiter *Notre-Dame-de-Beaulieu*, car vous ne trouverez à l'endroit où s'élevait, jadis, la grande abbaye, que quelques pierres dispersées dans une lande déserte. Vous suffira-t-il de savoir que fondé de 1160 à 1170, par Rolland de

Dinan, pour huit chanoines de Saint-Augustin, ce monastère, qui porta d'abord le nom de Notre-Dame-de-Pont-Pilan, a existé, jusqu'en 1791, et que, dans le cours de cinq siècles, il compta trente abbés, dont plusieurs furent des prélats éminents? Son église, qui était fort curieuse, dit-on, sous le rapport de l'architecture, est entièrement détruite, et les pierres tumulaires qu'elle renfermait ornent maintenant les musées de Dinan et de Saint-Brieuc.

BROONS.

La petite ville de Broons, chef-lieu de canton de 2,472 habitants, tire son nom du château de la Motte-Broons, où naquit Bertrand Du Guesclin. Ce château était situé à un kilomètre de là, sur un emplacement que longe actuellement la route impériale de Paris à Brest. Une simple colonne de granit, érigée en 1841, rappelle, seule, que là naquit le connétable, et quand un corps de soldats passe devant ce modeste monument, il fait une halte d'honneur et porte les armes, pour rendre hommage à la mémoire du grand capitaine du XIVᵉ siècle.

BERTRAND DU GUESCLIN.

Dans l'ordre chronologique, comme par la hauteur des exploits, Du Guesclin, le plus grand homme de guerre du xive siècle est, sans contredit, la première des illustrations dinannaises. Il naquit, vers l'an 1315, au château de la Motte-Broons. Son père était Regnaud Du Guesclin, « renommé par sa grant prouesse »,—et sa mère Jeanne de Malemains, qui, au dire des chroniqueurs, était « moult de saincte vie, » La nature ne lui avait pas prodigué ses dons, s'il faut en croire le portrait, certes peu flatteur, que nous fait, en trois lignes, un de ses anciens biographes : « Bertrand fut de moyenne stature : le visaige brun, le nez camus, les yeulx vers, large d'épaules, longs bras et petites mains. » Un autre historien prétend qu'il était « camus et noir, malostru et massant. » Cette laideur extrème lui valait, chaque jour, les railleries de ses frères; il était comme un objet de répulsion même pour ses parents, dont les traitements peu affectueux aigrissaient son caractère, naturellement colère et hargneux. Il en vint bientôt à ne plus écouter les menaces de son père, ni les sages remontrances de sa mère, inquiète sur son avenir.

Querelleur et d'humeur batailleuse, il était sans cesse en chicane avec tout le monde, et il se plaisait à rassembler les enfants du pays, à les diviser en deux camps et à les faire « guerroyer si longuement, dit la chronique, que plusieurs d'entre eux s'en repentoyent et s'en retournoyent navrés en leur maison, et que lui-même y estait blécié et ses robbes desrompues. » Un jour que, pour le punir d'une expédition de ce genre, sa mère l'avait rélégué, pendant le repas, dans un coin de la salle, une religieuse converse, qui avait une grande réputation de science et de sainteté, vint frapper à la porte, et, voyant la châtelaine désolée des désordres de son fils : « Consolez-vous, Madame, lui dit-elle, car je voy sur cest enfant un tel signe, que par lui seulement le royaulme de France sera essaulcié, ni de son temps ne sera nul qui puisse estre à lui comparé de chevalerie. »

Bertrand remercia la religieuse avec effusion des paroles d'encouragement et d'amitié qu'elle lui avait données, et se corrigea pour quelque temps ; mais son naturel l'emporta de nouveau et son père, irrité des plaintes qui lui venoient de toutes parts, fut obligé de le faire enfermer dans une des tourelles du château.

Peu de temps après, le seigneur de la Motte-Broons était parti pour Rennes, où les barons de Bretagne devaient tenir un grand tournoi à l'occasion du mariage de Charles de Blois avec Jeanne de Penthièvre. Bertrand parvint à tromper la vigilance de ses gardiens et prit, pauvrement vêtu, le chemin de cette ville : mais, lorsqu'il y fut arrivé, son désappointement fut extrême et il se mit à pleurer de rage, en voyant l'impossibilité dans laquelle il se trouvait de prendre part lui-même à ces luttes de force et d'adresse, auxquelles assistait l'élite de la noblesse bretonne. Il allait s'éloigner, non sans regrets amers, quand il aperçut un de ses parents qui quittait l'enceinte; il le suivit et, se jetant à ses pieds, le supplia de lui prêter son cheval et son armure, qui lui furent accordés aussitôt.

Bertrand revint donc, et, à peine entré dans la lice, il désarme un des plus terribles joûteurs : quinze champions subissent le même sort. Cependant un seizième se présente, et le combat commence..... Mais Bertrand, ayant reconnu son père à ses parements, s'incline sur les arçons et baisse respectueusement sa lance jusqu'à terre. —Un cri s'élève de toutes parts, et peu s'en faut que l'on accuse le jeune seigneur de félonie ; mais quel n'est pas l'étonnement de la foule, quand elle voit les traits de Bertrand ! — Son père en fut rivement ému, et, à partir de ce jour, il le prit en affection.

Ce succès le rendit célèbre dans toute la province, et ne fit qu'augmenter ses inclinations naturelles pour le métier des armes. Quelques biographes prétendent qu'avec l'assentiment de son père, Bertrand rassembla une cinquantaine de compagnons « plus ou moins nobles mais tous bons voleurs, » avec lesquels il se livra à des excès que les mœurs d'alors permettaient sans doute, mais qu'il regretta plus tard sincèrement ; d'autres, parmi lesquels le chroniqueur que nous avons cité, raconte qu'ayant entendu parler de la force et de la bravoure de Bertrand Du Guesclin, « le bon duc Jehan désira moult le voir, et pour ce le manda, le receult à son arrivée, et, en tous les voyages qu'il fist pour le roi, le mena avec lui, en sa compagnie. »

Quoiqu'il en soit, nous voyons plus tard Bertrand prendre le parti de Charles de Blois, et chercher, dans les armes de ce prince, une gloire utile à son pays. A partir de cette époque, tout le monde connaît la vie de notre héros, car son histoire est intimement liée à celle de la France.

Cet intrépide aventurier, qui avait commencé par faire le désespoir de sa famille par sa laideur

et son méchant caractère, ne tarda pas à faire
redouter le nom de Du Guesclin qu'il a rendu
célèbre : 1351, son cri de guerre *Notre-Dame
Guesclin* ! jettait déjà la frayeur dans les rangs des
Anglais. Pendant le siége de Rennes, vers 1357,
il se distingua dans plusieurs escarmouches, fit
prisonnier La Poole, et trouva moyen de pénétrer
dans la place et d'en faire lever le siége. Pour
se consoler de cet échec, le duc de Lancastre
ayant assiégé Dinan, en 1359, — Bertrand accou-
rut et une trève fut signée, pendant laquelle il
terrassa, dans un combat singulier, Thomas de
Canterbury, qui, violant la foi des traités, avait osé
faire prisonnier son frère Olivier Du Guesclin.

En 1364, il battit à Cocherel les aventuriers
du captal de Buch, qu'il fit prisonnier, et dont
il ruina complètement le parti. Après avoir ainsi
humilié le roi de Navarre, il embrassa la cause des
Penthièvre, mais non pas avec le même bonheur :
il fut battu et pris à Auray, tandis que Charles
de Blois y fut tué (1365). Mais Charles V, vivement touché de ce revers, paya la rançon du
capitaine breton, qu'il mit à la tête des *Grandes
Compagnies* pour aller en Espagne soutenir Henri
de Transtàmarre, qui disputait le trône de Cas-
tille à Pierre-le-Cruel. La fortune le favorisa

d'abord. mais ses troupes s'étant débandéés, il succomba sous les efforts réunis de Henri et du prince de Galles, qui le firent une seconde fois prisonnier.

Le roi le racheta bientôt et l'envoya contre les Anglais, qui pesaient cruellement sur certaines provinces, et la guerre commenca tout à la fois dans le Poitou, la Guyenne et la Picardie. Du Guesclin, qui avait reçu, avec le commandement général des armées, l'épée de connétable, battit à Pont-Vallein, les bandes de Robert de Knolles, routier au service de l'Angleterre, et qui venait de traverser une partie du nord de la France en commettant toutes sortes d'excès. Pendant que le duc d'Anjou continuait ses conquêtes dans la Guyenne, le connétable poursuivait les Anglais en Bretagne, où Jean de Montfort fut bientôt détrôné, de sorte qu'il ne leur resta bientôt plus rien en deçà de la Gironde.

Mais Charles V, comptant sur l'ascendant que Du Guesclin exerçait en Bretagne, ayant eu l'imprudence de prononcer la confiscation de cette province sur le duc Jean et sa réunion au royaume, Du Guesclin refusa de mettre son épée au service du roi contre ses compatriotes, et il partit, couvert de gloire, mais calomnié, pour

Châteauneuf-Randon, dont le connétable de Lancastre faisait le siége. Effrayé de son arrivée, le gouverneur demanda et obtint une trève de 15 jours, pendant lesquels le capitaine breton, brisé par la fatigue et abattu par l'indifférence des siens, mourut, comme enseveli dans son triomphe. Ce fut un grand deuil pour l'armée : les ennemis eux-mêmes regrettèrent ce loyal chevalier, et le gouverneur voulut déposer les clefs de la ville sur son cercueil (1380).

Les restes du connétable furent transportés à Saint-Denis, au milieu des tombeaux des rois de France, dont il avait si longtemps et si glorieusement servi la cause, et son cœur fut, suivant son dernier désir, déposé dans la chapelle des Jacobins de Dinan, sa patrie. — On devrait inscrire sur sa tombe le vers de Cavelière :

« Large, courtois et preux fut Bertrand Du Guesclin. »

Après avoir visité, s'il en a le loisir, le château de Limoëlan, où naquit en 1814, le brave lieutenant de Chappedelaine, qui périt héroïquement à Djemmah, et la *Roche-au-Géant*, en Lanrelas, le touriste n'a plus rien à voir dans le canton de Broons, que le chemin de fer de Paris à Brest traversera bientôt.

Nous demanderons à nos lecteurs la permission

de sauter par dessus le canton de Saint-Jouan-de-l'Isle, où ils ne trouveront rien de très-intéressant que les ruines gallo-romaines récemment découvertes à Caulnes (¹), et de leur parler, sans autre transition, de ce qui peut fixer leur attention dans le riche canton d'Évran.

ÉVRAN.

Il convient de commencer par le chef-lieu, d'autant mieux qu'il n'y en a pas long à dire sur son compte. Nous engageons cependant les touristes à visiter l'église paroissiale, édifice modeste qui, surtout à l'intérieur, a un air monumental et se fait remarquer, sinon par une régularité parfaite dans son architecture, au moins par une grande richesse d'ornementation.

A quelques centaines de mètres du bourg, sur la route de Dinan, vous apercevez les longues avenues et les dépendances du château de *Beaumanoir*. Sur ses murs sont inscrites les dates de 1628 et 1630; il n'a donc jamais vu Robert,

(1) Ces ruines, sur l'origine desquelles on n'est pas encore bien fixé, sont situées à un demi-kilomètre du bourg de Caulnes, sur les limites de la gare : quelques savants ont reconnu, par la disposition des lieux et des restes de construction parfaitement conservées, une ancienne salle de bains. Les fouilles, encouragées par plusieurs de nos concitoyens, continuent encore.

qui jeta à Bembrough le défi à la suite duquel eut lieu le combat des Trente. Néanmoins, à cause du nom qu'il rappelle et de l'ancienne demeure qu'il remplace, saluez, en passant, ce somptueux château, si majestueusement assis sur les bords de la Rance, à l'ombre de ses hautes futaies.

C'est non loin de là qu'en 1352, Du Guesclin fut attaqué par l'armée anglaise, à laquelle il résista courageusement, avec une poignée d'hommes, mais qui le fit prisonnier après une lutte acharnée. Longtemps ce champ de bataille fut en grande vénération parmi les habitants du pays, qui, du temps d'Ogée, c'est-à-dire avant 1789, n'auraient pas souffert qu'on passàt la charrue sur ce sol sacré, dans la crainte de profaner les restes des braves qui y sont ensevelis.

Entre Evran et Becherel, sur une vaste lande qu'on nomme le *Tournay*, et dont Paul Féval parle souvent dans son fameux roman de la *Fée des Grèves*, se rencontrèrent aussi, pour se livrer bataille, en 1363, les armées de Charles de Blois et du comte de Montfort. Mais, au moment d'en venir aux mains, un traité fut conclu, qui réglait les droits des concurrents sur le duché, et dont la ratification devait avoir lieu sous le chêne de Mi-Voie, illustré par le combat des Trente : malheureusement la princesse Jeanne n'y voulut point consentir. Ainsi c'est sur cette lande du Tournay que faillit se terminer cette guerre déplorable, qui, pendant trente années, ravagea la Bretagne.

LES FALUNIÈRES DU QUIOU

ET DE SAINT-JUVAT.

Du bourg d'Evran, prenez la route de Saint-Juvat et du Quiou, pour y visiter les carrières de sablons, aussi curieuses au point de vue scientifique qu'utiles à l'agriculture.

Ce sablon coquillier, d'une très-grande puissance comme amendement, renferme des fossiles qui embarrassent quelquefois les savants. On y a trouvé deux fragments de l'épine dorsale d'une baleine, des dents de requins et de phoques, une innombrable quantité de peignes, de moules, d'huîtres et même de coquilles entières d'espèces qu'on ne rencontre plus guères aujourd'hui que dans la mer des Indes. Tout cela prouve clairement que la mer a recouvert autrefois cette contrée, ainsi que tendrait à le prouver encore la découverte faite, il y a déjà plusieurs années, d'une ancre à deux becs et de restes de quais avec des organeaux, près des Moulins, en Saint-Juvat.

Le savant et modeste géologue rennais, M. Marie Rouault, a particulièrement fouillé ces falunières, où il a recueilli, depuis une vingtaine d'années, de très-curieux échantillons conchyologiques.

Les connaissances spéciales vous manquent-elles pour étudier de près et en détail ces gisements précieux, ou le temps ne vous permet-il pas de vous y arrêter davantage ? Ralliez le bourg d'Évran, par le chemin le plus long, à la manière des écoliers : vous pourrez ainsi visiter le vieux domaine du *Hac*, le village de la *Maladrie* (Saint-Juvat), où jadis existait un hôpital, et, sur les limites de l'arrondissement, dans la commune de Plouasne, le château de *Caradeuc*, qui fut autrefois la résidence du célèbre procureur-général de la Chalotais.

Si d'Evran vous désirez gagner Dinan, je vous engage à suivre le cours de la Rance : c'est une promenade délicieuse, surtout dans les beaux jours, quand il y a des feuilles aux branches et des fleurs dans l'herbe. Voici d'abord les vastes prairies de Beaumanoir, et l'écluse de Boutron avec sa modeste cascade blanchissant au fond d'un ravin ;— puis c'est Pont-Perrin, pittoresquement encaissé entre deux collines que dominent, d'un côté la Grand'Cour, montrant, à travers les charmilles, son toit blanchi et, de l'autre, le manoir du Chêne-Ferron élevant au dessus de bois magnifiques sa tête vieille de cinq siècles. Donnez, en passant, un souvenir au Vau-Grée, modeste villa située sur la rive droite, et qui a vu se dérouler entre ses murs, au temps de la Révolution, des scènes terribles, et, devant Léhon, levez les yeux vers cette coquette habitation, dont l'architecture rappelle, dit-on, les frêles villas napolitaines et qui semble un nid d'oiseau dans un massif de sapins.

Encore une demi-heure de marche entre ces collines dont les bois se reflètent dans l'onde tranquille de la Rance, et nous arrivons à Dinan, d'où nous devons bientôt repartir pour aller, sur d'autres points de l'arrondissement, visiter les villes ou les ruines qui se recommandent à l'attention du voyageur.

PLEUDIHEN. — LA BELLIÈRE.

Si vous vous êtes rendu quelquefois de Dinan à Saint-Malo par la route de Châteauneuf, vous avez pu remarquer, un peu avant d'atteindre le gros bourg de Pleudihen, un vieux manoir, dont les cheminées octogonales, surmontées de couronnes de comtes, plongent dans un petit étang,

que les roseaux envahissent : c'est la Bellière,
qui vit naître un des preux de la plaine de Mi-
Voie, et Tiphaine Raguenel, la vertueuse épouse
de Du Guesclin. Franchissez, avec respect, le
seuil de cette noble maison, riche de tant de souvenirs ; avec l'agrément du propriétaire, vous
pourrez voir la chambre où Tiphaine rendit le
dernier soupir. Tout y est presque religieusement
conservé : son prie-Dieu, son crucifix, son fauteuil, comme au jour où elle quitta la terre.

Les paysans vous diront que le soir, on voit
souvent une dame, vêtue de blanc, qui erre,
légère comme une sylphide, dans les avenues du
château : c'est Tiphaine qui vient revoir son
domaine et redemander aux ombrages de la
Bellière un peu de ce bonheur qu'elle y trouva
durant sa vie.

COETQUEN.

A peu de distance de là, dans la commune
de Saint-Helen, s'élevait, sur la lisière d'un bois,
qui s'appelait autrefois la Forêt-Blanche, l'antique et fameux château des sires de Coëtquen,
dont il reste à peine quelque tours en ruines,
que le temps semble avoir épargnées pour en
attester l'ancienne splendeur.

La famille de Coëtquen, une des plus anciennes de Bretagne, compta des membres distingués, parmi lesquels il suffit de citer Clément de Coëtquen, archidiacre puis archevêque de Dol, en 1241, et mort, dix ans après, à l'abbaye de Saint-Pierre-de-Chartres ; — Jean de Coëtquen, qui prit plus tard parti pour Charles de Blois et suivit, ensuite, Du Guesclin en Espagne ; — Raoul de Coëtquen, qui, nommé d'abord gouverneur de Dol, Léhon et Dinan, fut mis, au XVe siècle, à la tête de l'armée levée pour la délivrance du roi Jean VI, prisonnier à Chantoceaux ; — Olivier de Coëtquen, gouverneur de Dinan, puis ambassadeur du duc François II près de Louis XI, en 1476 ; — Jean de Coëtquen, ambassadeur et conseiller de Charles VIII et de Louis XII, et qui négocia le mariage d'Anne de Bretagne en 1491 ; — Jean III, lieutenant-général du roi et gouverneur de St-Malo, en faveur duquel Henri III érigea la terre de Coëtquen en marquisat, etc. Quelques-unes des femmes de cette illustre maison occupèrent aussi, dans les abbayes, des charges importantes : une d'elles, Marguerite de Coëtquen, était, en 1363, abbesse de Saint-Sulpice de Rennes ; une autre a fondé le monastère des Ursulines à Quimper et mérité,

8

par ses vertus, d'être signalée comme « *véné-rable* » dans le journal de l'ordre.

Comme nous le disions tout-à-l'heure, rien ne parle aujourd'hui de la richesse et de la puissance des seigneurs de Coëtquen, que l'histoire et la tradition. Si l'on en croit cette dernière, les murs de ce vieux château féodal auraient été témoins de drames affreux, au moyen-âge. Une demoiselle de Coëtquen fut sequestrée, par un de ses frères, au fond d'un horrible cachot, où elle mourut de faim : quand, en 1789, les habitants du pays descendirent dans les souterrains, pour les fouiller, ils trouvèrent, — au lieu des trésors qu'ils y croyaient enfouis, — le squelette de cette malheureuse victime.

LA CHESNAIE.

A l'autre extrémité de la forêt, sur le bord d'un petit étang, vous verrez une modeste maison, que des arbres séculaires couvrent de leur ombre. Gardez-vous bien de passer devant elle avec indifférence : c'est là qu'un des plus grands hommes du XIXe siècle, La Mennais, a passé sa jeunesse et écrit plusieurs de ses ouvrages. Berryer, Laurentie, Montalembert, Combalot, Lacordaire, vinrent le visiter plus d'une fois dans cette campagne, à laquelle le séjour de l'écrivain philosophe a attaché une célébrité qui survivra même à ses ruines.

PLOUER. — LESMOND.

Située sur la rive gauche de la Rance, en face de celle de Pleudiben, avec laquelle elle forme la plus riche partie de l'arrondissement de Dinan, — la commune de Plouër, renommée pour sa culture et sa belle et active population de laboureurs et de marins, ne possède, en fait d'antiquités, que le château de Plouër, qui paraît endormi au bord de son étang, à l'ombre de ses hautes avenues. Ce château, d'une architecture plus que simple, fut construit vers le milieu du XVIIe siècle, par Henriette de la Tour d'Auvergne, sœur de Turenne ; entraînée par un zèle exagéré pour la religion protestante, cette princesse y bâtit un temple protestant que le roi fit démolir plus tard, sur les plaintes réitérées de l'évêque de St-Malo.

Quand, après l'ancienne demeure de Henriette, vous aurez visité le bastion du Chesne-Vert, qui s'avance dans la rivière à la passe de Mordreux, et auquel plusieurs savants attribuent une origine romaine, — je vous engage à prendre la route de Pleslin, en passant par la *butte de Les-mond*, du sommet de laquelle on découvre un immense horizon, qui n'est borné, au loin, que par le bassin du Couesnon et les grèves du Mont-Saint-Michel.

La *roche de Lesmond* jouit, dans notre pays, d'une singulière célébrité, surtout parmi les jeunes filles : celles qui désirent se marier s'y rendent en pélérinage, et, grimpant sur le haut du rocher, elles se laissent glisser, jusqu'à terre, sur les.... reins. Il est rare qu'après ce manège elle ne finissent pas, en cherchant bien, par trouver un mari.

Vous apercevez d'ici le clocher du petit bourg de Pleslin, près duquel on a découvert, il y a quelques années, un *charnier*. — Ne vous récriez pas à ce mot, mon cher lecteur : c'est ainsi que les archéologues appellent un reliquaire, où sont conservés, depuis des temps reculés, des ossements ou des cendres. De grâce, messieurs, soyez un peu plus revérencieux à l'égard des morts ! — Comme les savants du pays (et il n'y en a pas mal !) ne semblent point encore bien fixés sur la nature et le mérite de cette découverte, permettez à votre guide de passer outre, sans se livrer à une dissertation qu'il ne saurait vraiment par quel bout commencer.

Le chemin vicinal qui vous a amené, vous conduira, si vous voulez, au bourg de Trigavou; il y a, tout au plus, une demi-heure de marche, et je me contenterai de vous signaler rapidement, au passage, ce qui peut être, pour l'étranger, de quelqu'intérêt. D'abord, le château du Bois de la Motte, un des mieux conservés du pays : vous le reconnaîtrez facilement aux fossés remplis d'eau qui l'entourent, comme autrefois, et aux vastes plantations qui l'environnent. Sous les jardins actuels, on a trouvé des restes de l'ancien château, dont l'importance était, dit-on, considérable, et qui était défendu par deux forts. Tout près de cette propriété, qui appartenait, avant 1789, au marquis du Bois de la Motte, et qui fut acheté, plus tard, par la famille Briot, il y eut, pendant la révolution, une rencontre meurtrière entre les troupes royalistes et les républicains. — Puis, à gauche de la route de Dinan à Ploubalay, le village de *La Mennais*, d'où l'auteur de l'*Essai de l'Indifférence* tire son nom; — *la Mallerie*, maison natale de l'un des membres les plus distingués du clergé de Paris, M. l'abbé Briot de la Mallerie, mort en 1860 curé de Saint-Philippe-du-Roule, après avoir refusé l'épiscopat; enfin *la Rougerais*, où le lieutenant-général royaliste La Baronnais établit, lors de la révolution, son quartier - général. Dans une salle de cette charmante habitation, existe tout un musée, formée, avec autant de patience que de goût, par un des plus savants antiquaires du pays, qui vous en fera les honneurs avec une parfaite complaisance.

Pour peu que vous causiez avec quelques-uns des habitants de ces parages, vous entendrez parler certainement de l'archevêque de Tréla ; et vous vous demanderez sans doute quel est ce haut dignitaire dont le nom vous était inconnu et dont le siège ne figure sur aucune statistique : cet archevêque est un modeste vicaire, qui dessert la petite chapelle de Tréla, près de laquelle vous passerez en revenant à Dinan, et qui dépend de la paroisse de Taden.

Nous sommes à trois kilomètres à peine du bourg de St-Samson, patrie de François Hingant de la Tiemblaye, Conseiller au Parlement et auteur de plusieurs ouvrages parmi lesquels on cite une nouvelle intitulée : *Le Capucin*. Dans les dépendances de la maison de campagne où mourut cet écrivain, en 1827, on voit un très - beau menhir, de dix mètres d'élévation, connu dans le pays sous le nom de la *Pierre-Longue-de-la-Tiemblaye :* on a pratiqué des fouilles au pied

de ce monument, à différentes époques', mais
on n'y a pu découvrir qu'un anneau en fer, enfoui là depuis bien des siècles.

Il n'est pas rare, d'ailleurs, de trouver, autour de Dinan, des vestiges du culte druidique.
Le *dolmen de la Roche*, sur le bord de la route
de Dinan à Dol, au-dessus de la Ganterie, et
la *Roche-aux-Géants*, en Lanrelas, rappellent
encore les sanglants sacrifices de la religion de
nos pères. Quant aux tumulus, ils sont assez
nombreux et n'ont rien de particulièrement remarquable.

Tels sont, sauf quelques omissions ou plutôt
quelques oublis qu'on voudra bien nous pardon-
ner, les sites ou les monuments que le touriste
doit visiter dans l'arrondissement de Dinan. Ainsi
que nous l'avions promis en commençant, nous
n'avons fait que le conduire, un peu au hasard,
sans itinéraire réglé, — comme on fait une promenade, — et nous nous sommes bornés simplement à lui faciliter, par quelques détails historiques, l'intelligence des choses curieuses qu'il a
rencontrées sur son chemin. Nous nous sommes
abstenu, — et pour cause, — de toute dissertation scientifique, dont le moindre défaut eût été
d'être ici déplacée ; mais nous avons aussi soi-

gneusement évité les longues descriptions, car un
Guide n'est pas une idylle, et ceux qui aiment la
vraie poésie la chercheront, non dans les livres,
où l'on n'en trouve souvent qu'un pâle reflet,
mais dans la belle et riche nature qui s'épanouit
autour de nous.

DE DINAN A St-MALO

PAR LA RANCE.

—

Une des plus charmantes promenades qu'on puisse imaginer est le trajet de Dinan à Saint-Malo, — en suivant cette jolie rivière de *Rance*, « dont les bords, a dit Châteaubriand dans ses *Mémoires*, mériteraient seuls d'attirer l'attention des voyageurs. »

Autrefois, — nous parlons d'une trentaine d'années, — on s'embarquait dans des bateaux, où colis et voyageurs étaient entassés pêle-mêle, et l'on arrivait en Solidor, après une traversée de quatre ou cinq heures, plus ou moins égayée par les récits des mariniers ou le caquetage des marchandes.

Maintenant tout est changé : les bacs lourds et incommodes qui faisaient le service entre

Saint-Malo et Dinan, ont cédé la place à un bateau à vapeur, plus solide qu'élégant, — dont la vitesse n'est pas proverbiale sans doute, mais qui vous transportera, en deux heures, de l'une à l'autre ville, en vous laissant le temps d'admirer les sites qui se dérouleront devant vous.

Tenez, voilà justement le steamer qui tinte : le capitaine monte sur son banc de quart, — sautons à bord, car,

Il est temps de partir...,

comme dit la barcarole de Mazaniello. Les roues battent le flot à intervalle inégaux et semblent essayer leurs forces : on dirait des chevaux impatients qui frappent le sol de leurs bruyants sabots. La vapeur siffle, la chaudière gémit, le *Du Guesclin* s'ébranle : nous marchons !

Saluons, en quittant le port, ce magnifique viaduc — géant de pierre — hardiment jeté entre les deux montagnes ; — la promenade Saint-Sauveur, avec sa verte couronne de marronniers, au dessus de laquelle s'élève, légère et gràcieuse, la flèche bleue de la vieille église ; — la ville qui s'étend en amphithéâtre au dessus de nos têtes et se rélie au port par la rue tortueuse du Jerzual, doublement célèbre dans

le monde des touristes, par les eaux puantes de
ses vingt tanneries et ses pavés à se rompre le
cou, — et ces maisons qui bordent les quais et
dont les pignons quasi-gothiques semblent grave-
ment se mettre en marche et défiler devant nous.

Au revoir, Dinan ! chère ville, fière à juste
titre de ton corset de murailles, de tes ruines,
de tes vastes églises, de la beauté de ses sites
et de la valeur de tes enfants. L'étranger qui te
quitte gardera longtemps ton souvenir ; quant
à nous, c'est avec plaisir que, ce soir, quand le
flot nous ramènera, nous te saluerons au retour.

Au bout de quelques minutes, le *Du Guesclin*
aura dépassé les carrières de la *Courbure*, au
milieu desquelles on voit encore les murs déla-
brés d'une ancienne chapelle, et que domine,
ici, la villa de la *Menardais* presque entièrement
cachée par un massif de sapins, et, là-bas, la
blanche gentilhommière de *Grillemont*.

Peu à peu, la rivière s'élargit et nous arrivons
à la plaine de Taden. — Voici, à gauche, le
modeste clocher à l'ombre duquel reposent M.
et Mme de la Garaye ; tout près de la rive, dans
ces champs couverts aujourd'hui de riches moissons, campèrent, lors de l'invasion romaine, les
légions de César. — La chaussée, que vous laissez

à droite, fut élevée, il y a longtemps, pour conquérir à l'agriculture le vaste marais de la *Pétrole* ou de *Chante-oiseau* ; — on n'y put réussir, malgré les subventions des Etats de Bretagne, par suite de la vive opposition que ce projet rencontra de la part des cultivateurs du pays, qui venaient, de plusieurs lieues à la ronde, puiser de l'engrais dans les marnières qu'on voulait enclore. C'est sans doute à cause des difficultés que souleva la construction de cette muraille, qu'on lui a donné le nom significatif de *Muraille de l'Œuvre*, sous lequel elle est généralement connue.

Le temps de fumer une cigarette ou d'échanger quelques mots avec un voisin. — et nous arrivons aux moulins du *Fournoi*, auprès desquels s'étend le pittoresque village du *Châtelier*, presque entièrement détruit par un incendie, il y a quelques années.

Pour distraire les ennuis de la traversée et amener à l'escarcelle quelques pourboires, les mariniers des bateaux dont nous parlions tout-à-l'heure, avaient trouvé spirituel d'administrer ici, une sorte de « Baptême de la Ligne » aux passagers qui faisaient pour la première fois ce voyage. La farce ne se jouait pas d'après le cérémonial bizarre usité dans les grands navires, et

le père *Tropique* n'apparaissait pas accompagné
de cette suite de personnages bouffons, dont
nous avons tous lu la plaisante nomenclature
dans les récits de traversées transatlantiques :
non, — dans les bacs de la Rance, tout se bor-
nait à quelques écuellées d'eau, copieusement
répandues sur la tête du patient, qui se voyait
encore obligé de payer de quelques sous cette
étrange immersion dont il se serait probablement
très-bien passé.

L'écluse, dans laquelle nous entrons, a été
construite en 1825; c'est un but de promenade
très fréquenté, surtout dans la belle saison, par
les amateurs de la pêche à la ligne.

Mais les portes s'ébranlent lourdement et
s'ouvrent enfin devant le steamer, qui reprend
gaiement sa route vers Saint-Malo, laissant derrière lui, l'écluse du *Châtelier*, la montagne escarpée de la *Hisse*, sur laquelle, dit-on, s'élevera
bientôt une jolie villa, les rochers de la *Tour-
niole*, le banc de *Lessart*, bien connu des
baigneurs, et la *Potence* de la Dynammiase qui
comme un spectre, élève au-dessus de l'eau sa
tête bizarrement découpée.

Voici le *Châtelier*, avec sa petite chapelle à
demi cachée par des sapins, ses jardins en

terrasses et ses iffs gothiquement taillés en pyramides ; — *Lama*, paisible village assis derrière un joli bois, — et plus loin, *Mordreux*, dont les maisons sont, aux grandes marées, baignées par le flot, et le bastion du *Chêne-Vert*, qui s'avance dans la mer comme une vieille sentinelle des temps passés. L'horizon devient plus vaste : à droite, c'est le bourg de Pleudihen, et, au premier plan, le hameau des *Bas-Champs*, où le poète Hippolyte de la Morvonnais rendit le dernier soupir, et qui vit naître un autre écrivain, enlevé par une mort prématurée aux lettres qu'il honorait déjà, M. Félix Bodin. A gauche, Plouër abaisse jusqu'au rivage ses champs couverts de riches moissons : là-bas, à l'endroit où le fleuve se retrécit, la pointe de *Saint-Hubert*, que domine la coquette maison du *Petit-Gibraltar*.

Ce village, situé sur le bord d'une crique à laquelle on a donné le nom de Port de Saint-Hubert, dépend de la commune de Plouër, — une des plus riches de l'arrondissement, qui s'énorgueillit à bon droit d'avoir fourni à l'Eglise du moyen-âge un saint évêque, Mathurin Lelionnais, et à la marine impériale un de ses plus braves officiers, le capitaine de vaisseau Bourdet. Dans ce petit port, fréquenté par une vingtaine de bateaux, on embarque des quantités considérables de cidre à destination de la Basse-Bretagne.

A peine le *Du Guesclin*, qui fait ordinairement escale à Saint-Hubert, s'est-il remis en marche, que vous apercevez devant vous la pointe de *Garot*, dont le sol a maintenant l'aridité d'une lande. Comme le temps change tout! qui se douterait, aujourd'hui, qu'à cette place où croissent de courtes bruyères qui suffisent à peine à nourir de maigres troupeaux de chèvres, s'élevaient, au xve siècle, de verdoyants échalas, qui fournissaient en abondance un vin renommé dans tout le pays? Le crû devait être excellent, car les moines de Saint-Malo, et de Saint-Aubin-des-Bois, — bons connaisseurs, s'il en fut jamais — s'en étaient fait octroyer la vendange.

Comment a-t-on cessé d'y cultiver la vigne ? nous l'ignorons, mais les gens d'alentour semblent l'attribuer à l'influence de quelque mauvais génie. Il y avait jadis, à Garot, vous diront-ils, une caverne profonde habitée par un monstre qui désolait toute la contrée. Tous les moyens qu'on employa pour le chasser furent inutiles. et l'on dût, un beau jour, recourir aux prières d'un ermite du voisinage. Depuis lors et jusqu'au milieu du siècle dernier, le clergé de Saint-

Suliac se rendait processionnellement, chaque année, sur la pointe de Gârot et répétait avec une grande solennité les formules de l'exorcisme. Le nom sous lequel on désigne l'anse de la Ville-ès-Nonnais, — le *Trou de l'Enfer* — ne fait-il pas supposer qu'il s'est passé là, jadis, quelque évènement terrible ou fantastique, dont se sera vite effrayée la superstitieuse crédulité des paysans ?

Aussi l'œil se repose-t-il plus doucement sur la baie opposée au fond de laquelle vous découvrez, à l'ombre de grands arbres, la modeste chapelle de *Notre-Dame-de-Souhatier*. Le culte des marins pour la vierge est proverbial : avec quelle émotion ils se rendent dans ce petit temple, quand, au mois de mars, ils partent, tristes et inquiets, pour les plages lointaines de Terre-Neuve ! Longtemps après que leur navire a quitté le port, la femme qu'ils ont laissée vient encore, le matin, s'agenouiller là et prier,... et si le vent souffle avec violence, si la tempête gronde, une humble chandelle, allumée par une main pieuse, brûle, sous les yeux de Dieu, devant la statue vénérée. Puis, au retour, les pêcheurs accomplissent joyeusement leur pelérinage et suspendent autour de la madone des *ex-voto*, — le plus souvent de charmants petits navires patiemment gréés pendant la traversée. Notre-Dame n'est-elle pas la patronne de nos matelots et la mer ne semble-t-elle pas se soumettre devant elle, en venant, deux fois par jour, baiser doucement les pieds de son sanctuaire ?

Nous parlions tout-à-l'heure de Saint-Suliac : nous y sommes. Ce bourg s'appelle ainsi du nom d'un anachorète qui vint se fixer sur ces bords où il accomplit plusieurs miracles, dont le plus populaire, sinon le plus authentique, est sans contredit celui des *Anes de Rigourden*. En deux mots, voici l'histoire :

Les ànes de Rigourden habitaient la rive gauche de la Rance, qui n'était à cette époque là, sans doute, qu'un simple ruisseau. Attirées par la gourmandise et peut-être quelque diable aussi les poussant, ils eurent la malencontreuse idée de traverser la rivière et de dévorer les choux du bon Saint-Suliac, qui voyait ainsi chaque jour dévaster son jardin. Mal leur en prit, car, un matin, la patience du saint n'y put plus tenir. Il cria *haro !* sur les maudites bètes, dont les têtes prirent immédiatement la place de la queue. — L'abbé Lebaz assure qu'avant la révolution, un tableau placé dans l'église paroissiale, rappelait aux fidèles l'histoire singulière de ce terrible torticolis des alliborons.

Dès que vous verrez le jour par les fenêtres
du clocher de Saint-Suliac, le steamer qui vous
emporte passera sur le banc du *Néril*, où la jeunesse dinannaise vient, aux marées équinoxiales,
se divertir et pêcher des huitres. — La mer est
alors sillonnée de barques nombreuses, qui, le
soir, remontent lentement le petit fleuve, — aux
sons d'une joyeuse musique, — au chant de quelque douce barcarolle interrompue par le bruit
cadencé des rames.

Un peu plus loin, en aval du moulin de
Trompe-souris, la Rance se divise en deux
branches dont l'une se dirige directement vers
la Manche, pendant que l'autre va se perdre
sous Châteuneuf, où elle alimente les salines
créées par M. de La Garaye. C'est là que Vau-
ban proposait d'amener les eaux du Couesnon,
— projet gigantesque que sa grandeur même fit
abandonner, mais dont l'exécution aurait complètement changé la face des marais compris
entre Dol et Pontorson. Un rocher s'élève au
milieu du fleuve : l'herbe y pousse à peine, et
la mouette s'y repose, à peu près seule, quand
elle est fatiguée de promener sur l'eau son vol
irrégulier. Cet îlot, si désert aujourd'hui, était
habité par une dizaine de religieux, dont l'u-
nique occupation était de prier Dieu. Amis de

ceux qui voyageaient sur la mer, ils allumaient des feux durant la nuit, et sonnaient la cloche du couvent, pour avertir les bateliers du voisinage de leur rocher; aussi quand ils passaient devant l'*île-aux-moines*, ceux-ci la saluaient d'un pieux cantique et abandonnaient au courant quelques fagots, que les ermites recueillaient avec reconnaissance.

Tout près des chantiers de la *Landriais*, où l'on construit des navires pour la pêche de la morue, voici deux autres îles, — *Chevrel* et le *Val-Riou*, — derrière lesquelles nous trouverons la passagère de *Jouvente*, où Paul Féval a placé l'action d'une nouvelle dramatique bien connue, *Jouvente-de-la-Tour*. Quelle histoire, aussi, que celle de Jouvente! Il semble qu'ici le paysage est moins gai. Tenez, voyez-vous, à droite, cette maisonnette blanche, dont les volets sont fermés depuis bien longtemps? Son nom dit assez ce qu'elle est : on l'appelle l'*Egorgerie*! Il y a une cinquantaine d'années, toute une famille y fut assassinée et l'on a découvert, récemment, dans un champ voisin, vingt cadavres, enfouis là sans doute pour cacher un crime.

Détournons nos yeux de cette rive, et pour nous défaire des tristes souvenirs qu'elle rappelle, saluons en passant, — le château de *Montmarin*, séparé par la pointe de *Cancavale* de l'anse de la *Richardais*, — renommée pour ses chantiers de construction ; et, en descendant le fleuve, la *Briantais*, — la *Haute-Flourie*, ancienne maison d'été de Duguay-Trouin, — la *Basse-Flourie*, où vint se reposer des fatigues de la guerre un autre marin, l'amiral Bouvet, — le *Vau-Garni*, les *Corbières*, — toutes ces habitations « construites dans un temps où les négociants de St-Malo étaient si riches que, dans leurs jours de goguette, ils fricassaient des piastres et les jetaient toutes bouillantes au peuple par les fenêtres. » (¹)

Nous approchons du but de notre voyage; mais, à mesure que nous avançons, le tableau s'élargit et devient plus grandiose, plus imposant :

A droite, c'est ST-SERVAN, avec son église moderne, le fort de la *Cité* et la vieille tour de *Solidor*, qui dresse fièrement sa tête féodale au-dessus d'un groupe de rochers déchirés par le flot ;

A gauche, *Dinard*, hier encore simple village sans nom, — aujourd'hui petite ville à la mode, couverte de jardins fleuris et de coquettes villas;

Derrière Saint-Servan, SAINT-MALO, patrie de Duguay-Trouin et de Robert Surcouf, de Trublet et de Maupertuis, de Broussais, de La Mennais et de Châteaubriand, — Saint-Malo, dont la tour

_____

(1) Châteaubriand.

blanche, s'élevant au-dessus des toits, semble montrer le ciel à l'homme d'un doigt mystérieux ;

Et là-bas, dans le lointain, la mer, la grande mer, berçant majestueusement ses navires et faisant entendre sans fin son hymne solennel.

Encore quelques minutes, et le *Du Guesclin* vous déposera sur les quais de Saint-Malo, au milieu de cet interminable bassin-à-flot, qui, depuis trente ans, a coûté tant de millions. Notre tâche sera finie : mais un autre guide vous conduira dans les rues tortueuses de la vieille cité malouine, — dont les habitants s'agitent et bourdonnent sans cesse comme les abeilles sous une ruche, — et vous montrera d'abord sa vieille cathédrale, qui possède une magnifique *Descente de Croix* de Santerre ; — puis son château, bâti par la Duchesse Anne ; — son vaste port, où flotta jadis le glorieux pavillon des Duperré, des Duguay-Trouin, des Surcouf et des Bouvet ; — ses beaux chantiers, ou se construisent des navires renommés ; — le rocher du Grand-Bey, sur la pointe duquel dort, au bruit des vagues, l'auteur des *Martyrs*, — et ces grèves que chaque été peuple d'une foule de baigneurs.

Mais que tout cela ne vous fasse pas oublier Dinan, — la ville de Du Guesclin, de l'acadé-

micien Duclos et du comte de la Garaye, et,
si vous en avez le loisir, revenez - y, chaque
année, à l'époque de nos courses et de nos fêtes.
La population dinannaise a toujours eu la réputation d'être très - hospitalière, et, dorénavant
plus que jamais encore, les étrangers seront chez
nous bien accueillis. L'administration municipale
a compris que, dans ces ravissantes campagnes
qui nous entourent, dans les beautés naturelles
de notre pays, il y a toute une mine à exploi-
ter, et, la première, elle s'est mise à l'œuvre
avec un dévouement qui est d'un excellent augure
pour l'avenir. Par une générosité qui n'a guères
de précédent dans l'histoire des communes, le
maire actuel a, de ses propres deniers, réalisé
des améliorations considérables et exécuté des
travaux importants, que la pénurie de nos fi-
nances aurait indéfiniment ajournés : c'est un
témoignage que la presse locale lui a souvent
rendu et que nous sommes heureux de lui rendre
nous-même en terminant ce petit volume.

www.ingramcontent.com/pod-product-compliance
Lightning Source LLC
Chambersburg PA
CBHW071951090426
42740CB00011B/1903